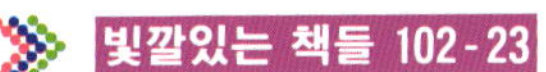
빛깔있는 책들 102-23

서양 고지도와 한국

글/서정철 ● 사진/김종섭

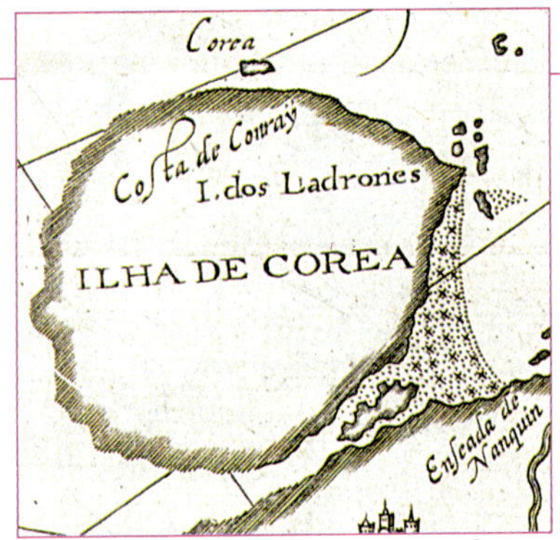

대원사

서정철

1937년 대전에서 태어나 외국어대학 불어과를 졸업했다. 파리대학에서 문학박사 학위 취득, 한국 불어불문학회 회장을 역임했으며 현재 외국어대학 불문학과 교수로 재직중이다. 불어 관계 논문 외에 '한반도 천의 얼굴' '서양 고지도 속의 한국' 'Korea의 내력' 등 고지도 관련 논문이 다수 있다.

김종섭

본사 사진부 차장

서양 고지도와 한국

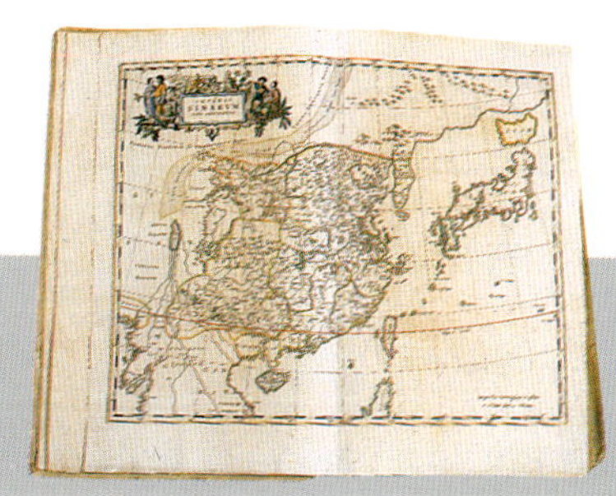

서양 고지도와 한국

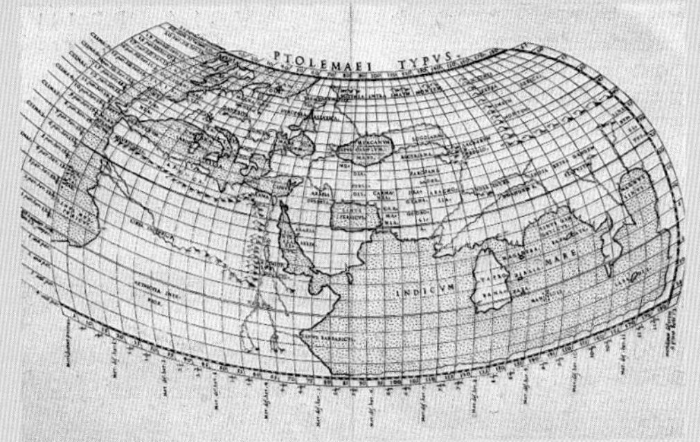

지도의 세 가지 차원

　지도란 '지구 공간의 일부 또는 전부를 일정 비율로 축소하여 문자와 부호, 색채로써 평면에 재현한 도형'이라고 정의할 수 있다.
　그러나 그것은 제작된 지도에 대한 포괄적인 정의이긴 하지만 인간과 지도와의 관계, 다시 말하면 인간이 왜 지도를 만드느냐에 대한 해명은 아니다. 왜냐하면 그것은 인간의 존재론, 인식론적인 문제도 끌어들이기 때문이다. 흔히 우리는 "지금 어디에 있는가" "이제 어디로 가는가" 하는 질문을 던진다. 그 질문은 두 가지로 해석될 수 있다. 한 가지는 우리의 공간적인 위치에 대한 질문이고, 또 한 가지는 우리의 정신적인 상황에 대한 질문이다. 이 두 가지 질문은 서로 밀접한 관계로 전자는 후자의 전제가 된다. 말하자면 우리는 공간적인 위치에 대한 확인을 거쳐 정신적인 자세를 택하게 된다. 그래서 어느 언어에서든지 '길'과 '도(道)'는 두 가지 의미를 모두 지니고 있고 우리는 자신의 위치를 인식하기 위하여 주변 자연 환경과의 관계를 어떤 형태로든 객관적으로 표시하여야 할 필요를 느낀다. 바로 그러한 필요가 지도를 만들게 한다. 그렇기 때문에 인간은 태고적부터 원시적으로나마 지도를 만들어야 했고

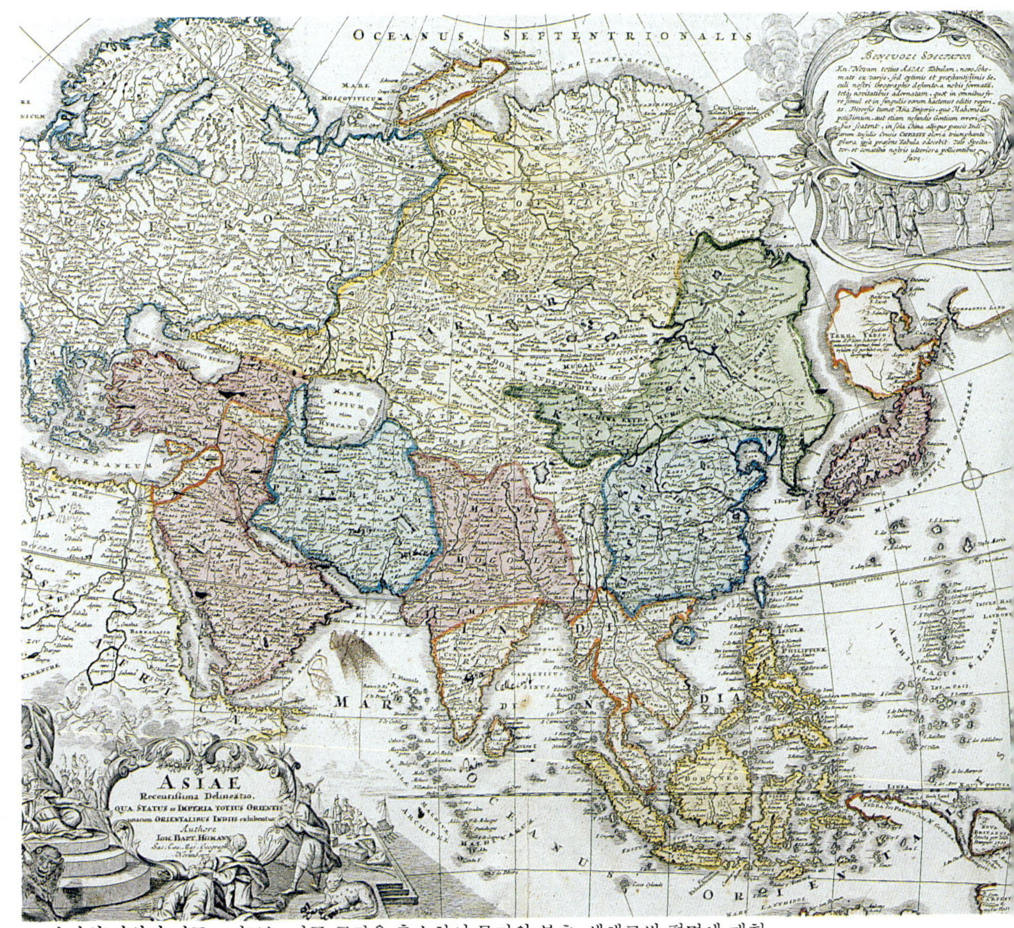

호만의 아시아 지도　지도는 지구 공간을 축소하여 문자와 부호, 색채로써 평면에 재현한 도형이라 할 수 있다. 1720년에 제작된 아시아 지도이다.

그것은 나와 우리에 관한 것으로부터 시작하여 타인의 영역에 대한 지도도 만들게 되었다.

　이탈리아 북부 알프스 계곡의 암벽에는 청동기시대에 그곳에 살고 있던 캄니족(族)이 자기들이 살고 있던 촌락과 농경지, 가옥과

가축, 물줄기 등을 세세히 그려 놓았고, 사하라 사막의 베두인족은 지상에 자갈 사막과 암석 지대를 표시하는 지도를 만들었다. 에스키모는 나무를 깎아 육지, 섬의 지형과 강, 산 등을 나타내는 조각을 만들었고, 태평양 마아샬 군도의 원주민들은 대추야자 잎줄기와 작은 조약돌 또는 조개 껍질을 사용하여 섬과 물줄기를 나타내면서 마아샬 군도의 여러 섬들의 위치를 정확하게 표시하였다.

인간의 지성이 발달하면서 지도는 단순한 '공간의 표상'을 넘어서 인간이 이룩한 지적인 성과(成果)의 총체를 요약하는 장(場)이 된다. 기하학과 대수학, 천문학의 발달은 보다 정확한 지도를 만드는 데 기여하였다. 먼 지역으로의 여행이나 항해에는 지도가 필수적이면서 여행과 탐험은 새로운 지식과 함께 보다 정확한 지도를 제작할 수 있게 해주었다.

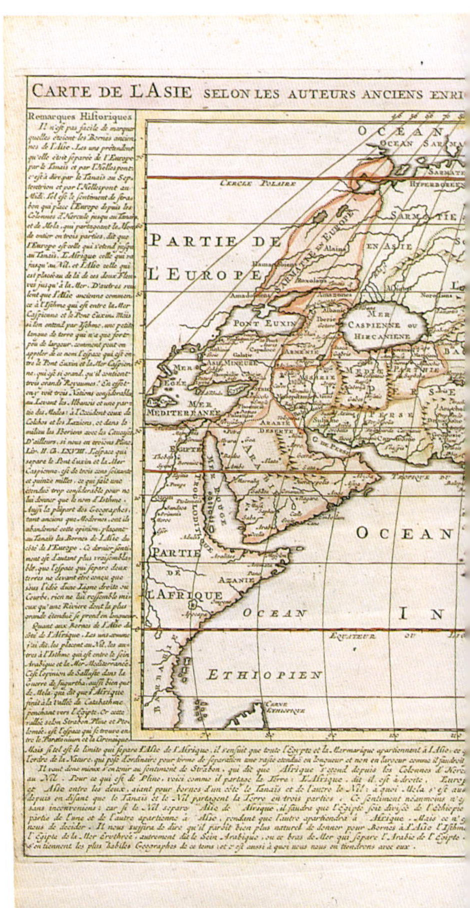

고드빌의 아시아 지도 지도는 단순한 공간의 표상을 넘어서 지적인 성과의 총체를 요약하는 장이다. 1650년에 제작된 이 지도는 당대의 새로운 지리 지식을 종합하였다.

군사상의 중요성은 새삼 거론할 필요가 없을 것이다. 서양의 한니발로부터 나폴레옹, 히틀러에 이르기까지 동양에서는 임진왜란을 일으킨 풍신수길에서 중국의 원(元), 명(明), 청(淸)의 역대 황제들에 이르기까지 지도는 이들 군주가 야심을 어루만지고 가다듬던 거울이었고, 작전을 구상하던 토대이자 행동을 전개하는 데 있어서 꼭 필요한 안내자였다. 그리하여 청대의 황제들은 파란 눈의 선교사들에게 대포 만드는 일을 도우라고 하였고 또 중국 역사 이래 처음으로 중국 국토를 측량하고 지도를 만들어 줄 것을 요청하였다.

우리나라에서도 지도는 국가의 특급 비밀을 담은 비밀 문서로서 취급되어 지도 제작에 심혈을 기울였던 고산(高山) 김정호는 그 기밀을 누설하였다는 죄목으로 투옥되기까지 했다.

한 마디로 지도는 단순한 공간 표상의 도형이라는 정의를 초월하여 인간이 대상 공간에 대한 인식을 종합적으로 집약한 도형이며, 자신의 꿈과 이상을 구상, 기획하고 그것을 행동으로 옮기기 위하여 제일 먼저 필요한 자료이다.

지도에는 여러 가지 종류가 있다.

첫째, 국경과 행정적인 경계, 도시와 강과 산, 육상 및 항공 교통
망들을 포함하는 일반 지도와 산업, 지형 지세, 지적, 지질, 기후
그리고 최근의 오염 상태표인 지도에 이르기까지 각종 특수 목적을
위한 지도들이 있다. 이러한 지도들은 우리가 살고 있는 세계의
현재 상태를 반영하는 지도들이다.

둘째, 첫째와는 다른 역사 지도이다. 이것은 과거의 한 시점에
있어서의 국경과 경계 등 지정학적인 요소를 재현한 것이다. 가령
서기 5세기 초(고구려 광개토대왕 재위 시절)에 있어서 동북 아시
아의 역사 지도나 프랑크 왕국의 샤를마뉴 대왕 사후 9세기 중엽의
유럽 지도들이 그 예이다.

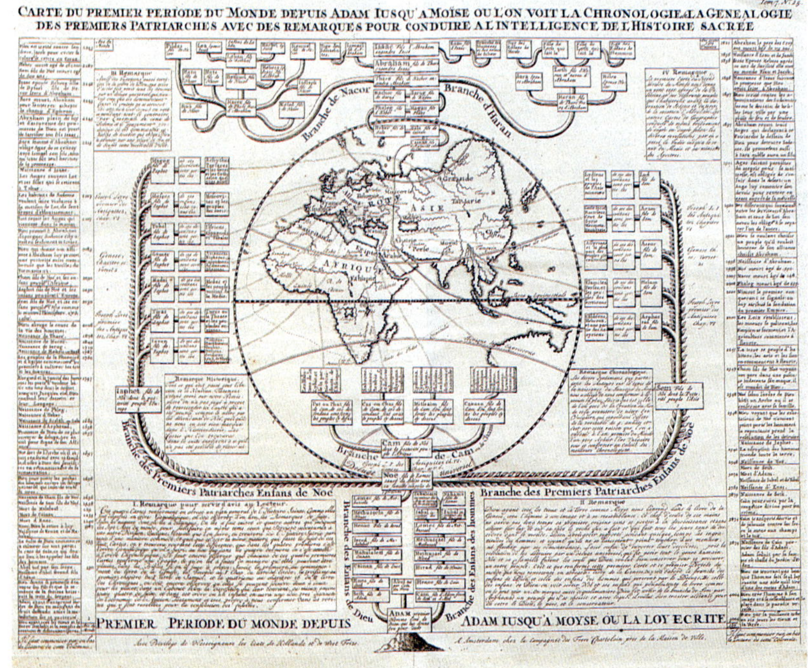

셋째, 고지도(古地圖)를 들 수 있다. 고지도는 과거 어느 지역의 공간 분할과 그에 대한 상황을 표시한다는 점에서 역사 지도와 비슷하지만 역사 지도는 옛날에 대한 지도를 오늘날에 만든 것이고, 고지도는 옛날에 만든 옛날의 상황에 대한 지도이다. 그렇다면 오늘날의 지식이 옛날의 지식보다 더 앞서 있기에 역사 지도가 고지도를 대신할 수 있겠고, 고지도는 그 존재 이유가 약화될 수 있다고 생각하기 쉽다. 그러나 그것은 잘못된 생각이다. 곧 고지도는 수집의 대상인 데 비하여 역사 지도는 그렇지 못하다는 사실은 여러 가지 의미를 담고 있다.

일반 지도는 우리에게 공간 표상을 위하여 필요한 지도이다.

한 장의 세계 지도는 우리에게 지리적인 지식을 제공하면서 아울러 공간적인 상상력을 자극한다. 한편 특수 목적을 위한 지도들은 우리에게 지식보다는 정보를 제공한다.

어느 지역의 자원을 개발하기

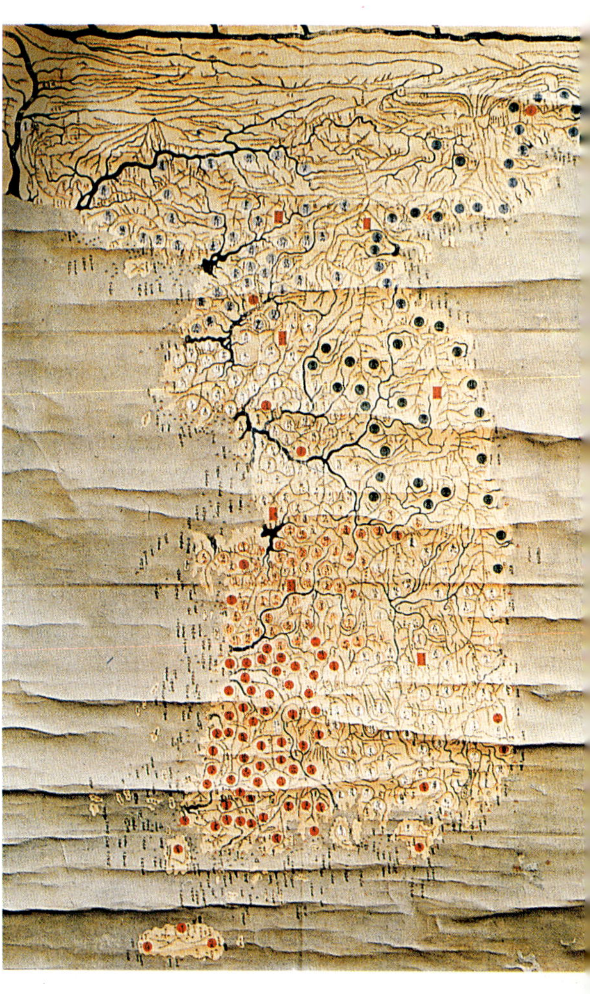

샤틀렝의 역사 종교 지도   1680년에 제작된 지도로서 기독교 역사와 지리 지식을 결합하고자 시도한 특이한 지도이다. 한국은 이름이 없이 반도로 나타났다. (옆면)
조선팔도지도   국사편찬위원회 소장품인 우리 나라의 고지도이다. (오른쪽)

위하여서는 각종 전문 지도를 바탕으로 우선하여 기본 조건을 검토해야 하는데 이때의 기본적인 정보는 이들 특수 지도를 통하여 얻을 수 있다. 이와 같이 일반 지도들은 우리의 상상력을 자극하고 공간에서의 움직임을 위한 공간의 장(場)을 제시한다.

특수 지도들은 구체적인 행동으로 들어가기 전에 행동의 타당성을 검토하는 기본적인 정보를 제공한다. 따라서 일반 지도와 특수 지도는 기본 성격과 제작 목적이 다르면서도 둘 다 공간적이고 실천적인 성격을 지닌다.

역사 지도는 과거를 일정한 시대의 공간적 상황으로 실현한다는 성격을 가지고 있는데, 그것은 역사가 제공하는 지식을 일정한 시간적인 영사막 위에 투사하여 얻어지는 지도이기 때문이다. 이미 다 알려진 지식이지만 역사적인 지식을 공간 속에 영상으로 환원시키면 우리는 한 장의 기념 사진을 얻게 되는데, 그 사진은 역사 지식을 집약하고 있으면서 다분히 교훈적인 것이 된다. "만주가 본래 우리 땅이었는데 무슨 이유로 그 땅을 지키지 않고 평양으로 수도를 옮겼을까?" "통일신라가 통일은 하였지만 결과적으로 고구려의 땅을 많이 잃었고, 외세를 업고 같은 민족을 공격하고 살상하였는데 그래도 잘 한 일이었나?" "고려 말엽의 북방 경계선은 어떻게 되었지?" 등등의 의문이 생겨나기 때문이다. 이처럼 역사 지도는 특정의 역사 시점에서 되돌아보는 단면도로서 이미 알려진 지식을 눈으로 보여 주기 때문에 새로운 정보를 주는 면은 없고 역사 지식의 부도적(附圖的) 역할을 한다.

고지도는 역사 지도와는 달리 현재의 지식을 과거 어떤 특정 시점의 영사막에 투사하는 것이 아니라 지도가 제작될 당시의 시점에서 투사된 지도이고 그 당시 지식의 총체가 특정 공간을 지도상에 재현한 도표이다. 그것은 단순한 기념 사진이 아니라 과거에서 현재를 향하여 점진적으로 동일한 공간을 그려 나가면서 공간에 대한 보다

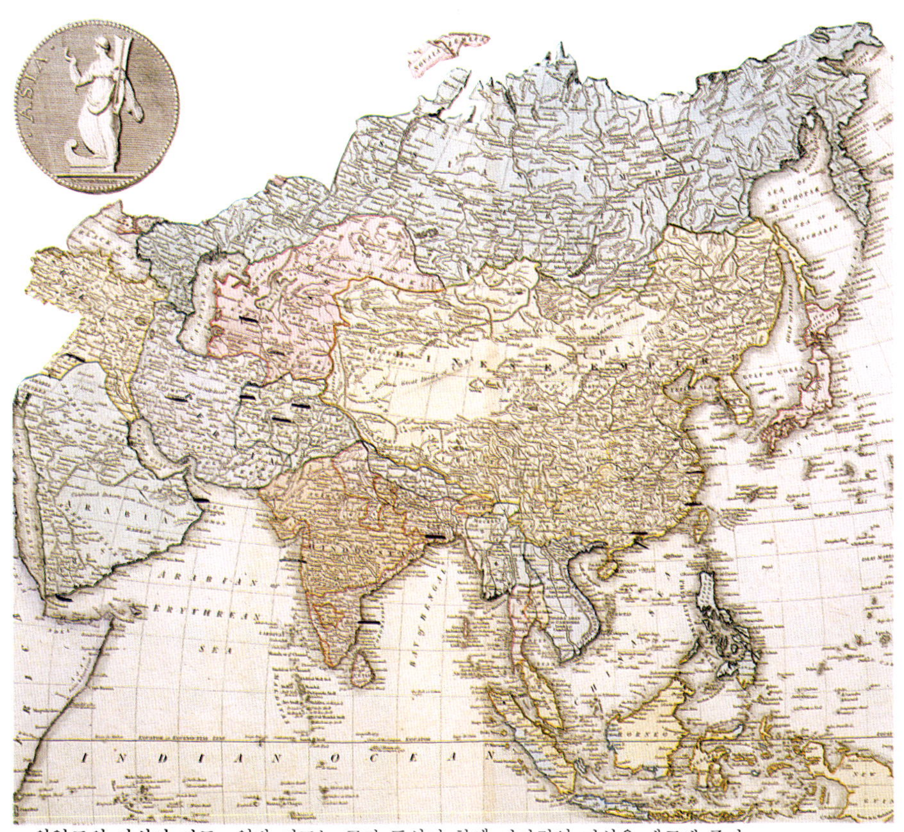

와일드의 아시아 지도　일반 지도는 공간 표상과 함께 지리적인 지식을 제공해 준다. 영국의 왕실 지리학자인 와일드는 서해안 도서의 탐사 결과를 지도에 반영하였다. 제주도를 Quelpaert라 하여 대마도와 구별했고 대한해협을 Strait of Corea로, 동해를 Gulfof Corea로, 울릉도는 Dagelet로 표시하였다. 울릉도 북쪽에 Argonaut라는 섬을 보여 주는데 이것이 독도는 아니나 어느 섬을 가리키는지는 알 수 없다.

더 개선된 도형을 보여 준다는 데 그 의미가 있다. 그러므로 지도 하나하나는 불완전하나마 계속 뒤를 이어 나온 지도들이 앞서의 불완전성과 미숙을 조금씩 고치면서 한 장의 사진이 아니라 연속의 사진이 이루는 활동 사진과 같은 모습을 보여 주게 한다.

고지도의 의미

세계관의 표상

인간은 예부터 자기가 알고 있는 그리고 자기가 가 보지 못한 먼 나라와 지역에 대해 호기심을 가지고 있었고, 또 자기 주변에 대해 이미 알고 있는 지리적인 지식을 바탕으로 자기가 잘 알지 못하는 지역을 그리고 싶은 욕망을 가상의 지도를 통해서나마 표현하고자 하였다.

바빌로니아에서는 점토판 위에 지적도와 각종 경계도를 그려 놓은 지도가 기원전 2400년경까지 거슬러 올라가는 것이 발굴된 적이 있다. 누지 지역에서 발굴된 것 가운데는 아카디아의 왕 사르곤의 원정기를 기록한 점토판에 현재까지 발굴된 것으로는 가장 오래 된 세계 지도를 남겼다. 기원전 700년경에 만들었다고 추정되는 이 점토판 지도는 세계를 둥근 원반으로 표시하였고, 그것을 바다가 둥글게 둘러싸고 있는 형태로 나타내고 중심부에 소도인 바빌론을 표시하고 있다. 그것은 세계가 둥근 원반형이고 자기 민족이 세계의 중심부에 있다고 하는 믿음을 보여 주는 것이다.

샤틀렝의 아시아 지도　세계관의 표상인 지도는 지리적인 지식을 바탕으로 작성된다.
1680년에 제작된 이 지도는 새로운 지리 지식을 종합하고자 했으나 시베리아나 북해
도 부분이 부정확하다.

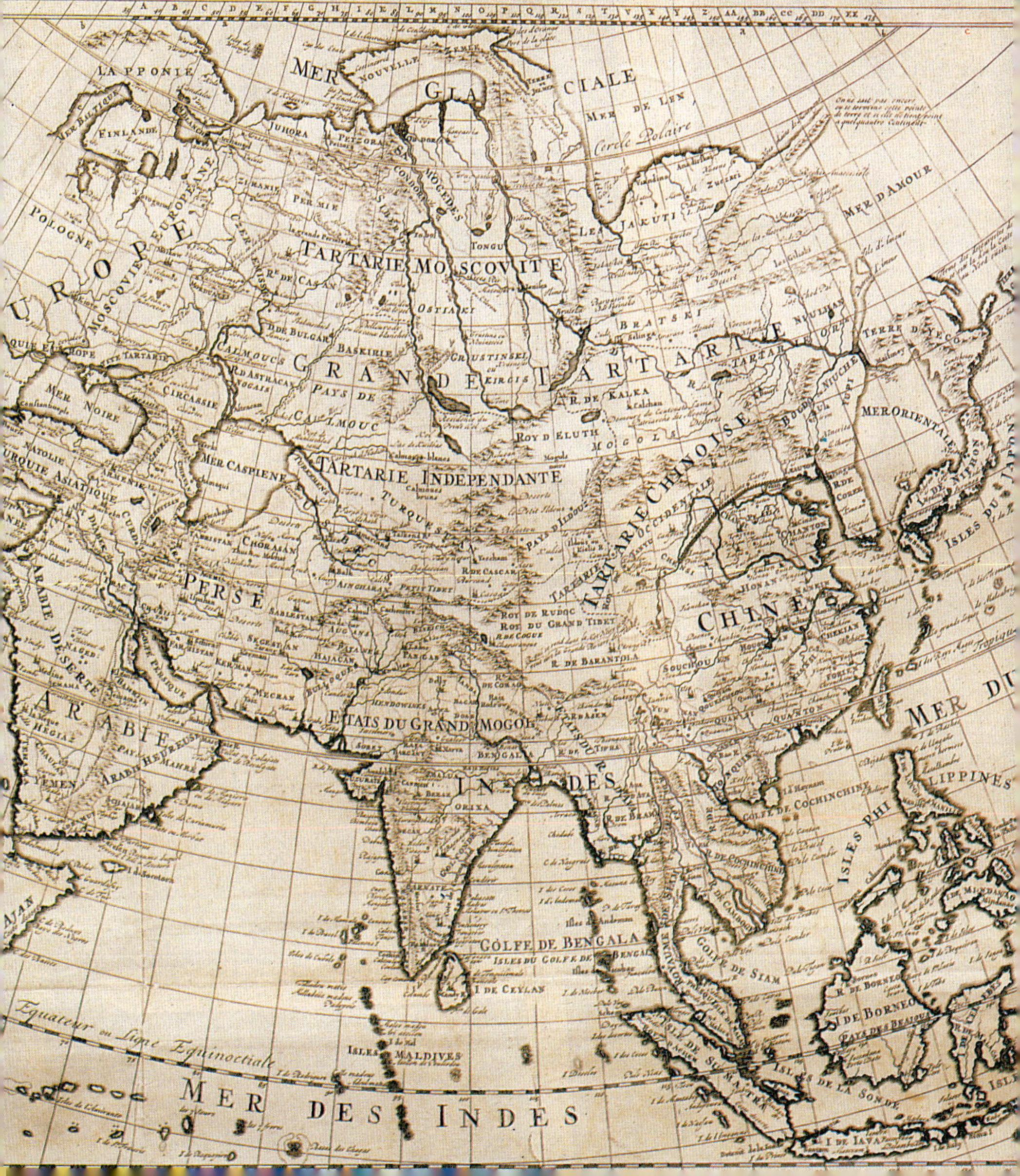

L'ASIE, AVEC DES TABLES ALPHABETIQUES POUR TROUVER SANS PEINE LES ETATS DES PI
RTIE DU MONDE, UNE TABLE DES VILLES PRINCIPALES ET QUELQUES REMARQUES POUR L'INTELLIGENCE DE L'HISTOI
LA PPONIE
MER NOUVELLE
GLACIALE
MER DE LEN
Cercle Polaire
MER D'AMOUR
EINLANDE
JUHORA
PERMIE
Lea JAKUTI
POLOGNE
MOSCOVIE EUROPEEN
TARTARIE MOSSCOVITE
R. DE CASAN
OSTIAKI
BRATSKI
TERRE D'YEÇO
GRANDE TARTARIE
CALMOUCS
BASKIRIE
CRUSTINSEL
CIRCASSIE
R. D'ASTRACAN
PAYS DE
R. DE KALKA
MOGOLA
MER ORIENTALE
MER NOIRE
CALMOUC
ROY D'ELUTH
NATOLIE
ARMENIE
MER CASPIENE
TARTARIE INDEPENDANTE
TARTARIE CHINOISE
TURQUIE ASIATIQUE
TURQUESTAN
I. DE NIPHON
CHORASAN
PAYS D'IBOU
ISLES DU JAPON
PERSE
R. DE CASCAR
CHINE
ROY DE RUDOC
ROY DU GRAND TIBET
R. DE BARANTOLA
ARABIE DESERTE
ETATS DU GRAND MOGOL
MER DU
ARABIE
HEGIA
INDES
ISLES PHILIPPINES
YEMEN
ARABIE HEUREUSE
ORIXA
GOLFE DE COCHINCHIN
GOLFE DE BENGALA
GOLFE DE SIAM
I. DE CEYLAN
I. DE BORNEO
Equateur ou Ligne Equinoctiale
ISLES MALDIVES
MER DES INDES
I. DE IAVA

그와 같은 세계관을 동양에서도 찾아볼 수 있다. 중국에서는 전국시대부터 '천하도(天下圖)'라는 이름의 가상적 세계 지도를 만들었고 그 영향을 받아서 우리나라에서도 18세기까지 중국의 지도와 비슷한 '천하도'가 대부분 제작자의 이름없이 만들어졌다. 그것은 바빌로니아의 세계 지도와 마찬가지로 세계를 원형으로 하고 그 가장자리는 바다로 그리고 육지에는 실재하는, 또는 가상의 여러 나라가 들어 있는 지도이다.

동양에서 세계를 원형으로 그린 것은 중국 철학에서 원(圓)이 완전, 무한과 함께 하늘과 우주를 표상하기 때문이다. 그리고 서양의 경우 곧 바빌로니아적인 세계관은 페니키아를 거쳐 희랍 문화권에 전파되어 지도 제작뿐만 아니라 호머가 세계 대륙이 오케아노스라는 바다로 둘러싸여 있다고 노래한 것을 상기하면 당시 사람들의 상상력에까지 영향을 미쳤다는 사실을 알 수 있다.

희랍시대에서 로마시대로 이어지면서 세계 지도 작성은 발전을 보여 주었으나 중세에 들어서면서는 오히려 후퇴하였다. 모든 과학이 신학(神學)의 시녀로 전락하면서 희랍시대부터 주장되어 오던 지구가 공처럼 둥글다는 이론이 부정된다. 6세기에 코스마스가 발간한 기독교 지도는 세계가 히브리서의 장방형 지구관에 따라서 동쪽 끝에 에덴 동산이 자리잡고 있고, 거기에서 강줄기들이 흘러나오고 세계의 주변은 오케아노스로 둘러싸여 있다. 거기에는 고대로부터 전해 오던 각종 신화와 전설의 괴물과 악마들이 살고 있고 예루살렘은 세계의 중심이라고 표시되어 있다.

그 밖에도 O형의 둥근 원 속에 T형의 바다를 중심으로 유럽, 아프리카, 아시아 3대륙이 나뉘어져 있는 이른바 TO지도도 기독교의 획일주의적인 세계관을 보여 주는 지도라고 하겠다.

고지도 속에 그려진 세계의 형태가 잘못되었으니 가치가 없는 지도라고 한다면 그것은 잘못된 생각이다. 고지도에서 보다 중요한

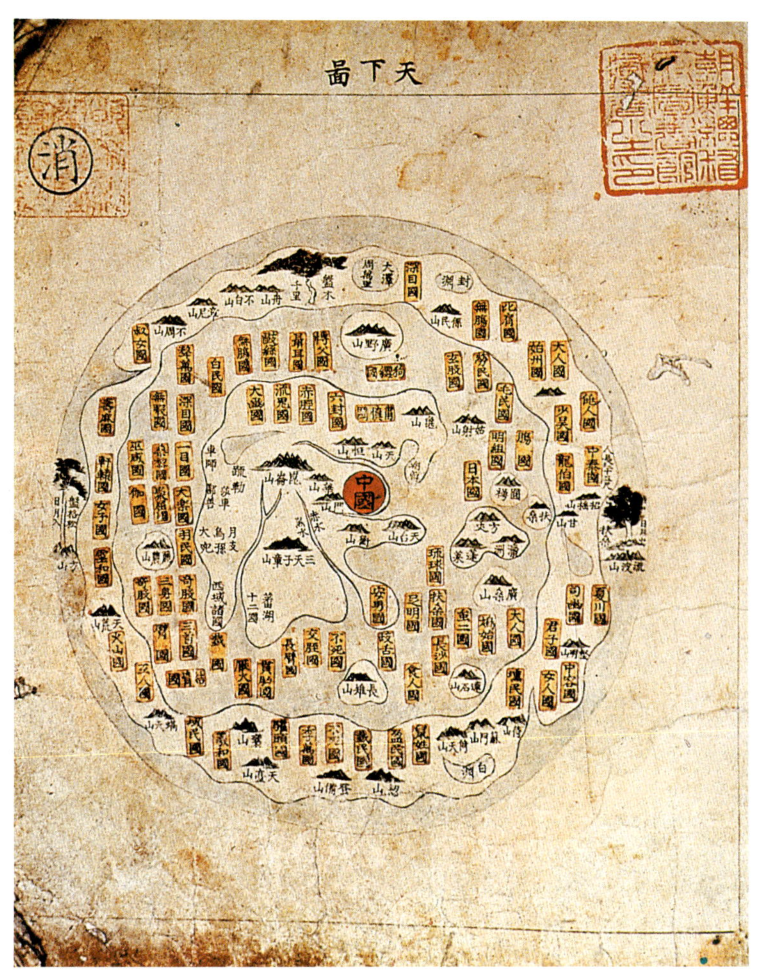

천하도 중국 전국 시대에 유행한 가상적 세계 지도인 천하도의 영향을 받아 우리나라
에서도 세계를 원형으로 한 천하도가 제작자의 이름없이 만들어졌다. 국립중앙도서관
소장품이다.

것은 세계의 형태를 잘 알 수 없었을 때 세계의 존재를 정신 속에 의식했었다는 사실이며, 세계의 표상을 바탕으로 그 세계 속에서 자신의 위치를 정립하고자 하는 의지를 담고 있다는 점을 주목해야 한다. 그리고 세계의 표상이 잘못된 데에는 그 나름대로의 이유가 있다. 중세의 기독교 지도에서의 오류는 종교가 전지 전능하고자 하였던 데 그 이유가 있음을 깨닫게 해준다.

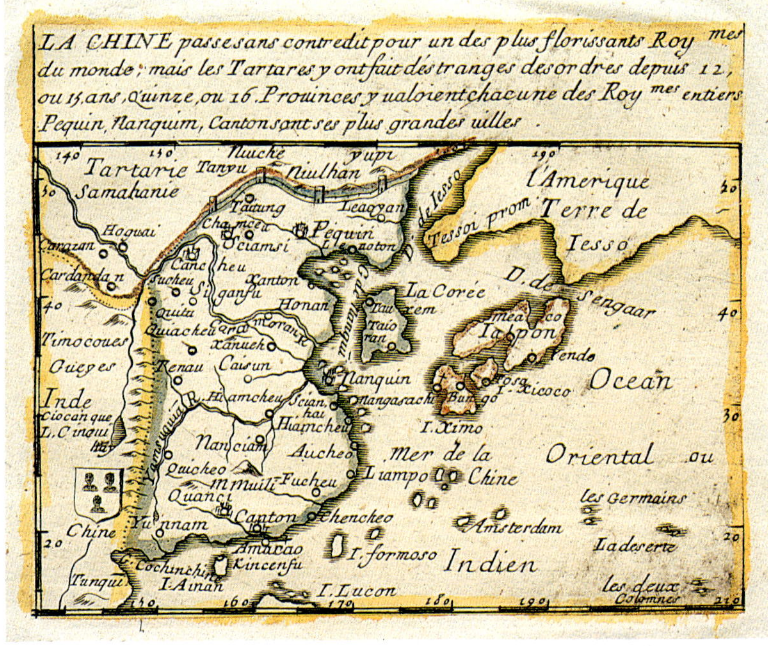

동아시아 지도   고지도 속에 잘못된 세계의 형태가 있다 할지라도 세계의 존재를 정신 속에 의식했다는 점에서 그 가치를 인정해야 한다. 제작자 불명의 이 지도에는 우리 나라가 섬으로 나타났고 아메리카 대륙이 일본과 닿아 있다.

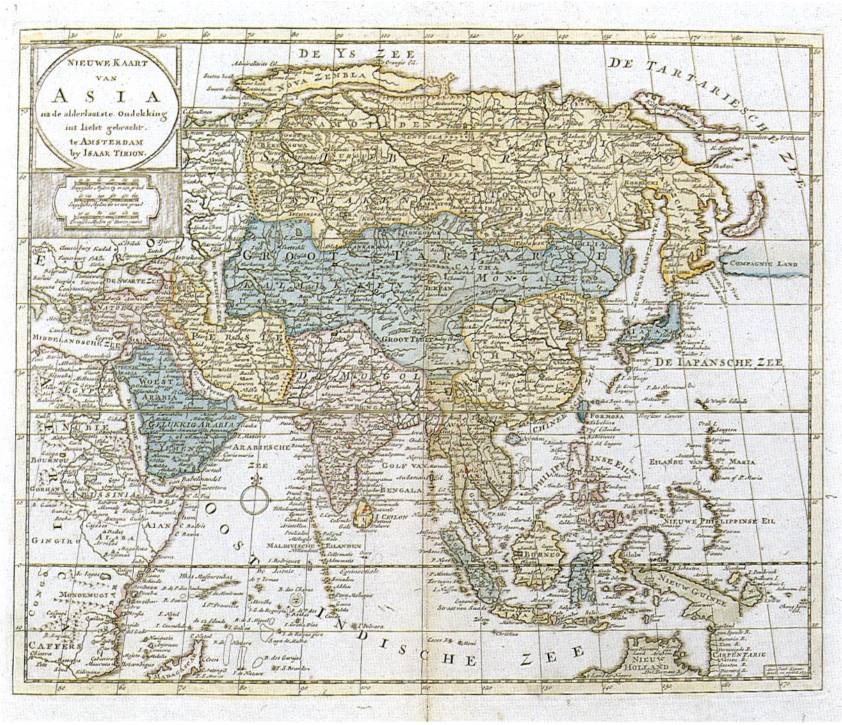

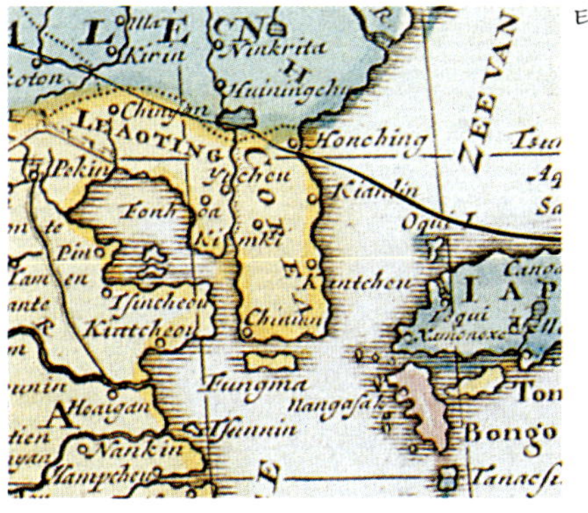

티리온의 아시아 지도 1733년에 제작된 당빌 이전의 지도로서 일본의 북부가 아주 부정확하다. 동해는 캄차카해로 잘못 표시되어 있으나 한국은 COREA로 되어 있다.(위, 왼쪽)

학문, 국력 신장에 비례

인간의 지식이나 지적 능력이 역사의 전개와 함께 늘 발전한 것은 아니다. 인류학은 여러 충격적인 사실을 우리에게 가르쳐 준다. 지도 제작에 있어서 중세 때에는 퇴보를 보여 주었는데 그것은 예외적이라고 할 수 있다. 희랍시대에서 로마시대에 이르기까지 여러 분야의 학문이 지도의 발달에 합류, 참여한 것은 지도가 다른 학문의 발달과 긴밀하게 연결되었고 또 국력의 신장과 밀접한 관계를 가지고 있었기 때문이다.

희랍은 8세기경부터 지중해, 에게해, 흑해 등에 식민 도시를 설치하고 무역을 통해 국력이 신장되었으며 여러 가지 학문도 꽃피우게 되었다. 따라서 지도의 중요성도 증대되면서 기원전 7세기경에는 철학자이며 천문학자인 밀레토스 학파의 아낙시만드로스(기원전 610~546년)가 지도를 만들었다. 그리고 지리학자 헤카테우스는 2권의 지리서를 출판하였고 밀레토스 학파의 자연 철학자들은 지구의 형태에 대한 논란을 벌이기도 하였고, 이오니아 학파의 피타고라스는 지구가 공처럼 둥글다는 가설에 도달하기에 이른다. 이것을 관측을 통하여 증명한 사람이 아리스토텔레스(기원전 384~322년)로 그는 지구의 둘레를 관측하는 합리적인 방법을 고안했다. 과학과 철학 분야에도 훌륭한 업적을 남겼으며 뒤에 당시 세계 최고의 알렉산드리아 도서관의 관장으로 초빙되었다. 그는 지리서와 세계 지도 등을 저술하였으나 현재 전해지는 것은 없다. 다만 로마시대의 지리학자 스트라보(기원전 63~서기 24년)를 통하여 그의 업적을 살펴볼 수 있다.

그 뒤에도 포세이도니우스(기원전 130~51년)를 비롯하여 천문학자 히파르코스(기원전 190~120년) 등이 지구 둘레의 측량과 경위선의 설정을 시도하면서 지도의 발달에 기여하였다. 그러나 고대 희랍에서 로마에 이르기까지의 자연 과학의 성과를 결집시켜 천문학, 지리학, 지도 제작에 있어서 가장 빛나는 업적을 남긴 사람은 희랍계로 알렉산드리아에서 활약한 프톨레미(희랍명 프톨레마이오스;100~170년)이다. 그가 저술한 천문학서 「알마게스트」도 그러하지만 8권으로 된 「지리학(Geographia)」은 동남 아시아 지역

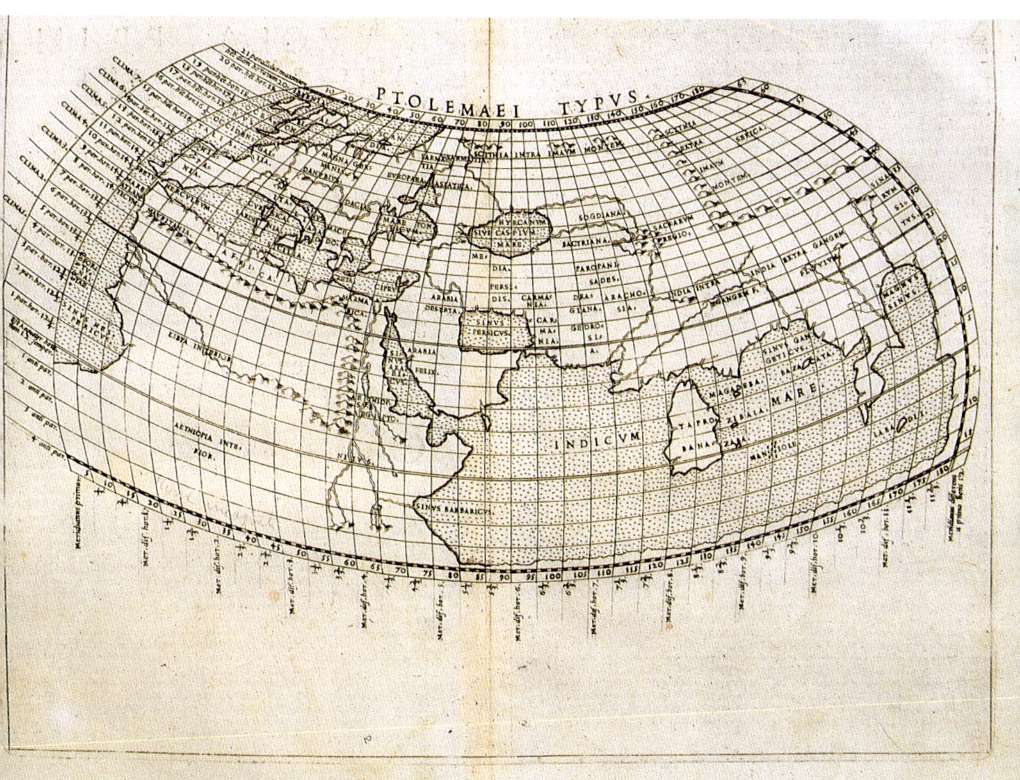

프톨레미의 세계 지도 천문학이나 지리학, 지도 제작에 있어 가장 빛나는 업적을 남긴 프톨레미가 150년경에 제작한 세계 지도이다. 유럽에 있어서는 지리적 지식이 있었으나 동양에 대한 부분은 매우 부정확하다. 인도 대륙보다 스리랑카가 더 크게 그려져 있고 극동에 대해서는 중국의 이름만 있을 뿐이다.

에 대한 오류에도 불구하고 지리에 대한 지식면에서 뿐만 아니라 과학적인 위도, 경도를 설정하는 데에서도 독창적인 원뿔 도법을 적용한 지도 제작법 등으로 중세 말엽까지 최고의 권위를 지닌 세계 지도를 보여 주고 있다. 그리하여 그의 지도는 근세에 이르기까지 여러 번 중간(重刊)되었다.

　중세에도 지도와 지도학은 이슬람 학자들에 의하여 연구된 업적들이 있었다. 특히 하나의 전기를 맞게 된 것은 십자군 원정 뒤 중세

메르카토르의 아시아 지도　고지도는 학문과 국력 신장에 비례한다. 프톨레미 이후 가장 훌륭한 지도학자인 메르카토르가 지도 제작상 새로운 원칙을 제정하여 1550 년에 제작한 이 지도에는 한국이 빠져 있다.

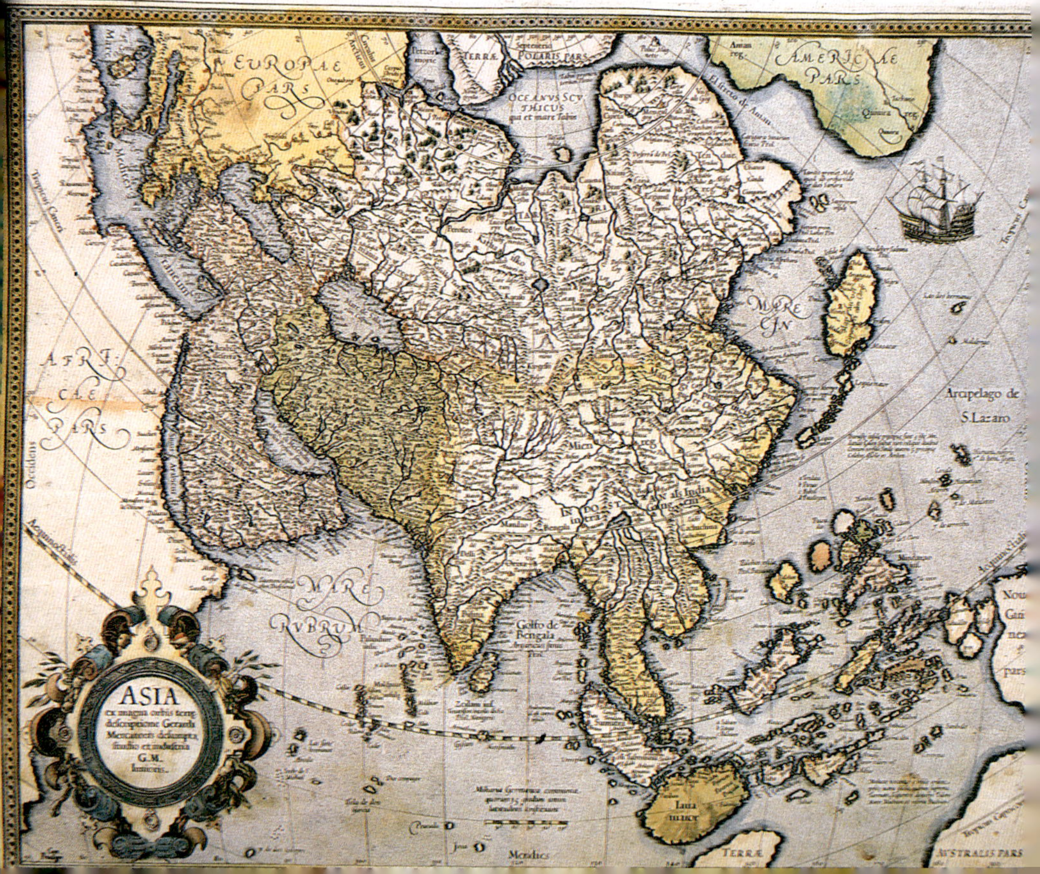

의 막이 내리고 15세기 후반부터 대항해 시대가 열리면서 동방
세계와의 무역이 활성화되면서부터이다. 포르투갈이 항해왕 엔리케
(1394~1460년)의 등장과 함께 새로운 항로의 탐험과 동방 무역의
주도권을 장악하면서 포르투갈의 해도(海圖) '포르튜라노'가 지도의
주류를 이루게 된다. 이로써 지도는 고대 희랍, 로마시대와 마찬가지
로 천문학, 지리학, 항해술 등을 바탕으로 하는 종합적인 연구의
결실이고 또 지도 제작은 세계 탐험과 무역 그리고 국력과 정비례한
다는 것을 쉽게 이해할 수 있다.

16세기 이후 지도 제작에 있어서는 포르투갈의 주도권이 17세기
에 네델란드로, 18세기에 프랑스로, 그 다음 영국으로 옮겨간 것은
무역과 해상 활동 주도권의 향방에 따라서이다.

동서 교섭사의 궤적

희랍과 로마에서 지리학과 지도학이 종합적인 과학의 성과를
바탕으로 이루어졌음에도 불구하고 유명한 프톨레미의 '세계 지도'
에서 인도 대륙이 올바른 형태를 보여 주지 못하고 오늘날의 스리랑
카라고 짐작되는 섬이 타프로바나라고 표기되고, 중국이 비단과
관계있는 '세리카(Serica)'로 표기되거나 아니면 진나라의 발음을
딴 '시나(Sina)'로 표기된 것은 어쩔 수 없는 일이다. 왜냐하면 희랍
의 이해 관계는 주로 지중해 연안에 한정되었고, 알렉산더 대왕의
동방 원정도 힌두쿠시 산맥을 넘어 인더스강까지만 갔었기 때문에
인도의 남쪽이나 중국, 동남 아시아는 전혀 알 수 없었던 것이다.

1245년에 로마 교황 이노센트 4세가 프란체스코회의 수도사
카르피니를 몽고 황제에게 파견한 것이 공식적으로는 처음으로
서방이 동방에 사자(使者)를 파견한 것이 된다. 임무를 마치고 돌아

온 카르피니는 짤막한 여행기에서 중국을 '지나(China)' 또는 '글안(Kitai)'으로 표기하였는데 그 뒤 'Kitai'는 'Catai' 또는 'Cathay'로 표기되었다. 오늘날 중국 항공 회사의 이름 'Cathay Pacific'은 여기에서 유래된다.

교황 이노센트 4세는 프랑스왕 루이 9세(일명 聖 루이)와 함께 루브룩(Rubruk) 수도사를 몽고로 파견하였다. 1254년 4월부터 8월까지 카라코룸에 체류하고 돌아온 그는 중요한 여행기를 남겼다. 그 여행기에서 '카타이(Catai)'와 '세라(Sera)'가 모두 중국을 가리키는 국가 이름임을 처음으로 밝혔고 발트제뮐러는 루브룩 수도사의 여행기를 지도에 옮겨 놓았다.

서양에 13세기 후반의 중국을 보다 자세하게 소개한 사람은 마르코폴로였다. 베니스 상인의 아들로서 1275년 아버지를 따라 몽고에 가서 쿠빌라이 칸의 측근으로 지낸 마르코폴로는 1295년 인도지나, 자바, 세일론과 페르샤만, 흑해를 거쳐 지중해를 지나 그의 고향에 돌아왔다. 1298년에 제노아와의 전쟁에 참여했다가 포로가 되어 옥중 생활을 하면서 불어로 불러 쓰게 한 것이 「동방견문록」이다. 그 책 덕분에 그 뒤 지도에도 중국의 여러 지방 이름과 그가 귀국할 때 거쳤던 나라, 섬, 지방 이름들이 오르게 되었다.

「동방견문록」 가운데 한국에 대해서는 고려의 중국어 발음을 옮긴 'Caoli'라는 표기가 한 번 나오지만 위치에 대해서는 언급하지 않았기 때문에 그것이 16세기 이후의 고지도에 나오는 '카올리(Caoli)'라는 한국 표기에 영향을 미쳤는지는 말할 수 없다. 그러나 일본에 대해서는 보다 명시적으로 'Zipangou'라는 이름을 사용하고 있어서 그것이 고지도에 일본을 표기하게 만든 기원이 되었다. 'gou'는 나라 '국'의 중국어 발음이고 'Zipan'은 고지도에서 'Iapan'을 거쳐 'Japan'으로 발전한다.

해상을 통하여 동방 항로를 찾고 세계 일주를 하면서 지도에 표시

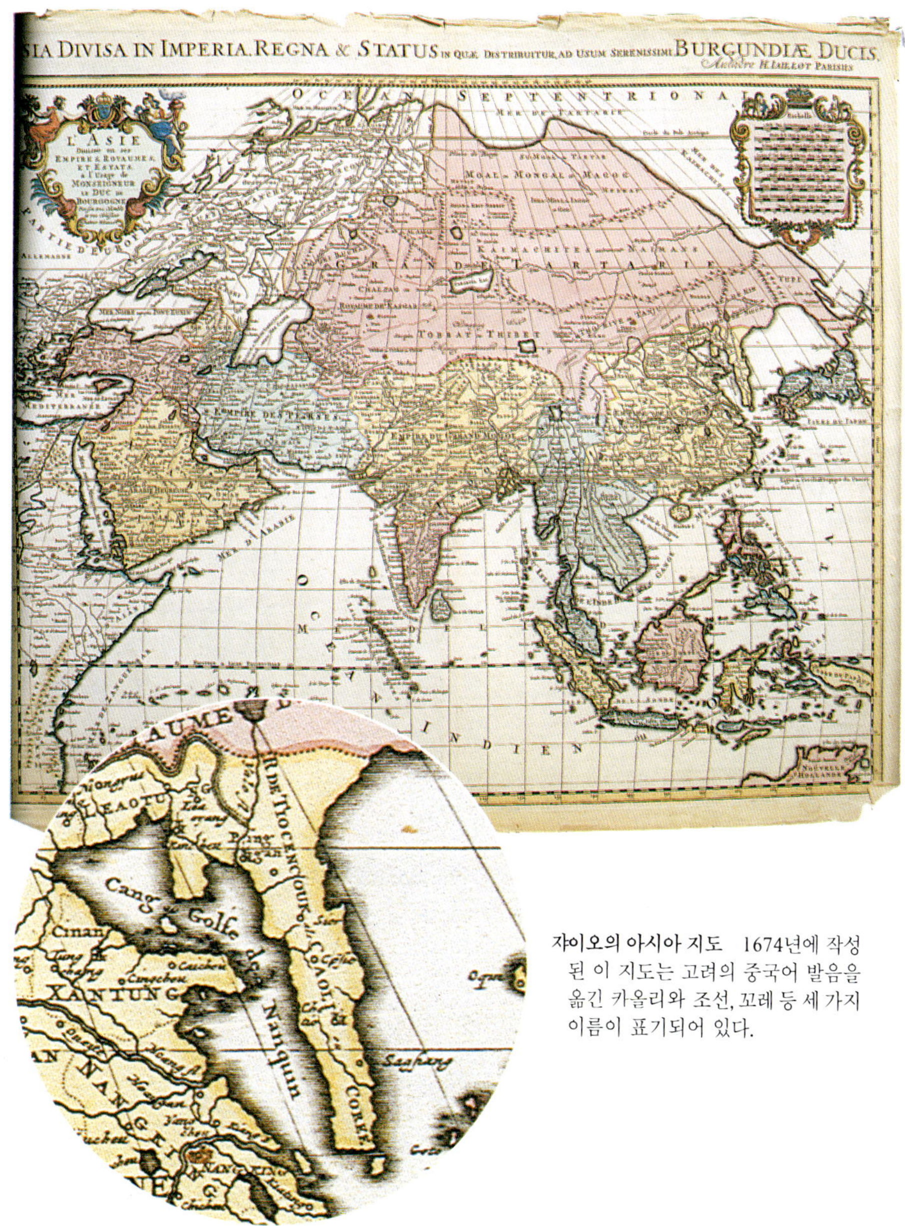

쟈이오의 아시아 지도　1674년에 작성된 이 지도는 고려의 중국어 발음을 옮긴 카올리와 조선, 꼬레 등 세 가지 이름이 표기되어 있다.

한 것은 포르투갈인들이다. 1513년 알바레즈(Alvarez)는 말라카 해협을 거쳐 해상으로 중국에 도착한 뒤 교황청에서 파견한 선교사 자비에르(de Xavier)를 만나 일본 선교를 권고한 것이 계기가 되어 일본이 서양에 알려지고 서구 문물을 일찍 접할 수 있게 되었다.

동서의 교섭사를 살펴보면 서양이 동양을 탐방한 역사적 기록이라는 인상을 받게 된다. 사실상 동양은 징기스칸의 서양 침공말고는 서양 세계에 대해 적극적인 관심을 표명하지 않았던 것이 사실이다. 이와 관련하여 고지도와 관계되는 사항만을 몇 가지 살펴보자.

첫째, 몽고인들은 지리학에 상당한 관심이 있었고 서방 세계에 관한 지리서와 지도를 저술하였다. 예컨대 이택민(李澤民)의 '세계 지도'(1330년)는 '그 당시의 어느 세계 지도보다도 세계에 대한 많은 정보를 담고 있었다. 불행히도 그 원본은 남아 있지 않지만 그의 지도와 명대(明代)의 '혼일강리도(混一疆理圖)'를 합하여 이회 (李薈)가 '혼일강일 역대 국도 지도'(1402년)를 만들었는데 그것이 일본의 용곡(龍谷)대학에 보존되어 있어 그 자취나마 볼 수 있다.

둘째, 포르투갈인들이 인도양과 극동에 진출하기 이전에 명나라에서는 1405년에서 1433년에 이르기까지 항해가 정화(鄭和)를 총지휘자로 3만여 명의 선원과 60여 척의 대함대를 투입하여 아프리카 동해안까지 탐험을 하였다. 그에 대한 자세한 기록과 사용되던 지도, 해도가 남아 있지 않는 것이 유감이다.

셋째, 필자의 추측으로는 명의 해상 대원정은 중국과 극동을 누비던 아라비아 상인들에게서 자극을 받았고 또 아라비아 상선들의 도움으로 인도양을 횡단할 수 있었다고 본다. 아라비아인들은 인도 양에서 동지나해, 황해, 동해에 이르기까지 바다를 주름잡으며 동방 무역을 독점하였으나 포르투갈의 강력한 함대에 밀려 그 주도권을 빼앗기고 만다. 그들의 지리 지식은 여행담을 엮은 책들을 통하여 남아 있지만 선원들이 쓰던 항해도들은 남아 있는 것이 거의 없다.

외국의 눈에 비친 우리나라

우리나라의 과거를 알아보기 위하여 우리는 역사에 의존한다. 역사는 역사적 사건의 기술(記述)을 통하여 기록되며, 역사적 기록은 뒷날 그에 대한 해석을 낳는다. 사건에서 기술로, 기술에서 해석으로 옮겨가면서 해석자의 주관성과 해석하는 시점과 시대상 등의 개입이 커진다. 따라서 같은 사건(예컨대 동학혁명이나 4·19 등)이라도 다른 해석을 받을 수 있다. 그러나 이러한 기록과 해석은 모두 내부적인 관점의 결과이다. 이 밖의 다른 것들이 외적인 관점이다. 우리가 의식하든 의식하지 않든, 우리는 외부 관찰의 대상이 된다. 하멜의 「표류기」 같은 외국인의 직접적인 기록은 드문 편이지만 8세기경부터 신라를 찾아온 아랍인들은 우리나라의 남해안의 섬들을 자기들의 해도에 'Sila'라고 표기하였고, 그것은 알 이드리시의 「로제왕의 책」(1154년)과 같은 여행기에 수록되었다. 10세기 이후에는 고려가 'Cory'라고 표기되었다. 그러한 해도는 아랍인들의 해도를 바탕으로 한 스페인의 헤레라(Herera)의 지도 등을 통하여 남아 있다.

우리나라에 대해 지속적인 관심을 가졌던 사람들은 북경에 파견되어 있었던 천주교 신부들이었다. 서양인이 만든 지도에 처음으로 우리나라의 형태를 반도로 표시한 것이 이탈리아 출신의 예수회 선교사 마테오리치(1552~1610년)에 의한 것임은 널리 알려진 사실이다. 수학과 천문학을 공부한 그는 중국에 선교사로 와서 서양 학술의 소개와 함께 황실의 요청으로 '곤여만국 전도'(坤與萬國全圖, 1602년)를 간행하였다.

명에서 청으로 바뀌면서(1644년) 페르비스트(Verbiest)는 양반구(兩半球)로 된 세계 지도에 한국을 그려넣었다. 특히 서양 과학에 깊은 관심을 가졌던 강희제는 1707년 예수회 선교사들에게 중국

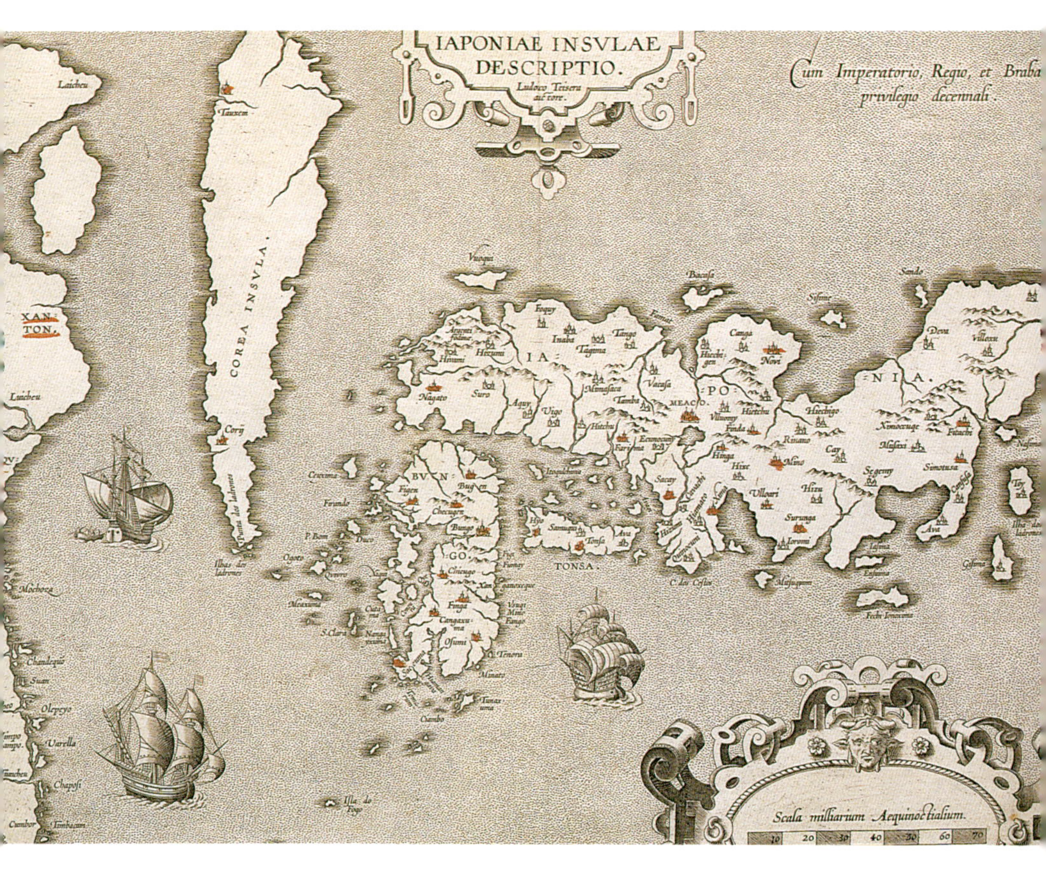

테쎄라의 일본 전도   벨기에의 오르텔리우스가 1595년에 발간한 지구 전도 「Theatrum orbis Terrarum」에 수록된 지도이다. 한국 지도는 아랍 상인들의 지도를 참고하였음을 알 수 있다. 아랍인들이 고려를 Cory라고 불렀기 때문이다.

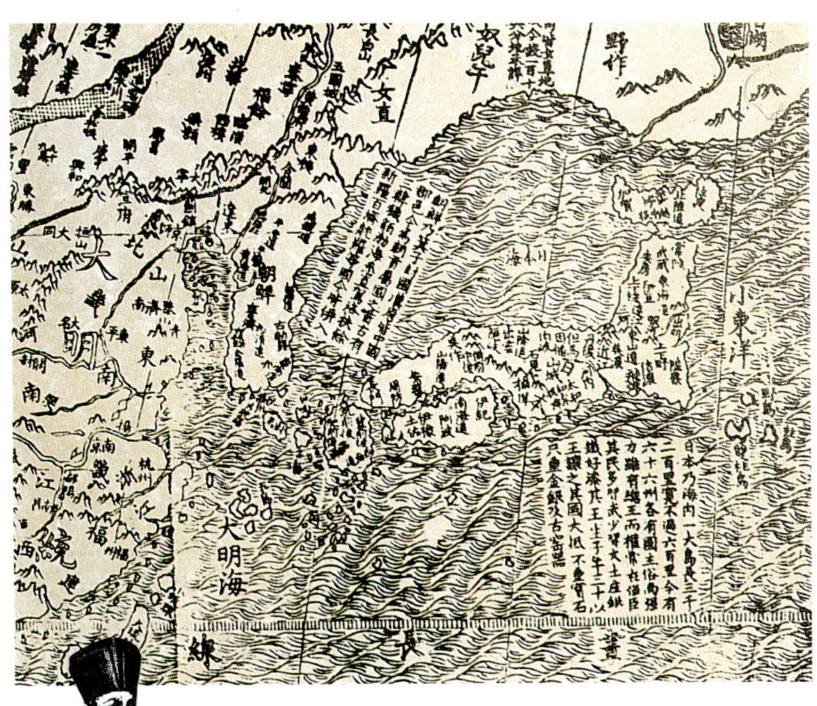

마테오리치의 곤여만국 전도 중국에 선교사로 온 마테오리치는 '곤여만국 전도'라는 세계 지도를 제작하여 소개하였다. 한국에 대한 지식이 별로 없었기 때문에 한국은 간단하게 처리하고 역사적인 설명을 첨가하였다. 그러나 일본에 대해서는 자세하게 그려졌고 동해의 일본 쪽을 일본해, 태평양 쪽은 소동양이라고 표기하였다.

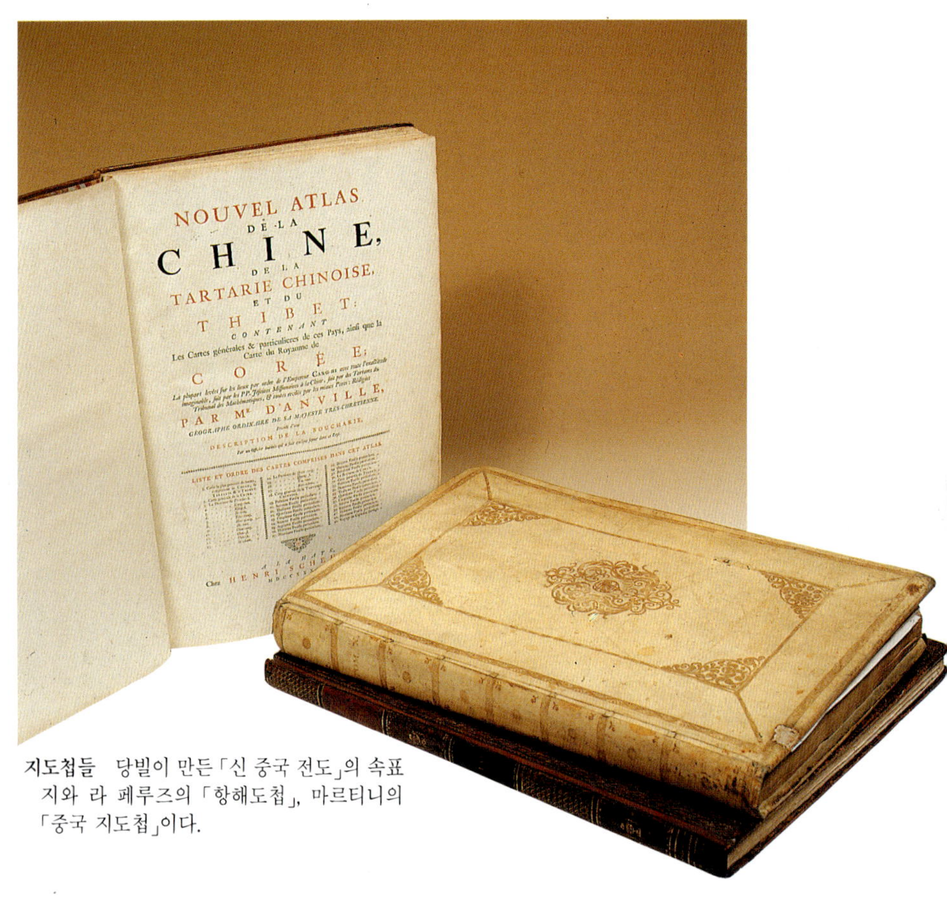

지도첩들　당빌이 만든 「신 중국 전도」의 속표
지와 라 페루즈의 「항해도첩」, 마르티니의
「중국 지도첩」이다.

전체의 측량과 지형도 작성을 명하여 1708년부터 1716년까지 측량
을 마쳐 '황여전람도(皇與全監圖)'를 작성하였고 거기에 우리나라의
지도도 첨가하였다. 알려진 것처럼 그 지도는 프랑스에 보내져 유명
한 당빌(D'Anville)의 「신 중국 전도」(신 중국 지도첩, 1737년)를
만들 수 있게 하였다.

　서양 사람들에 의해 만들어진 상당히 많은 수의 지도들 속에서
점차 우리의 모습이 자리잡혀 가고 실제에 가까워짐을 볼 수 있다.

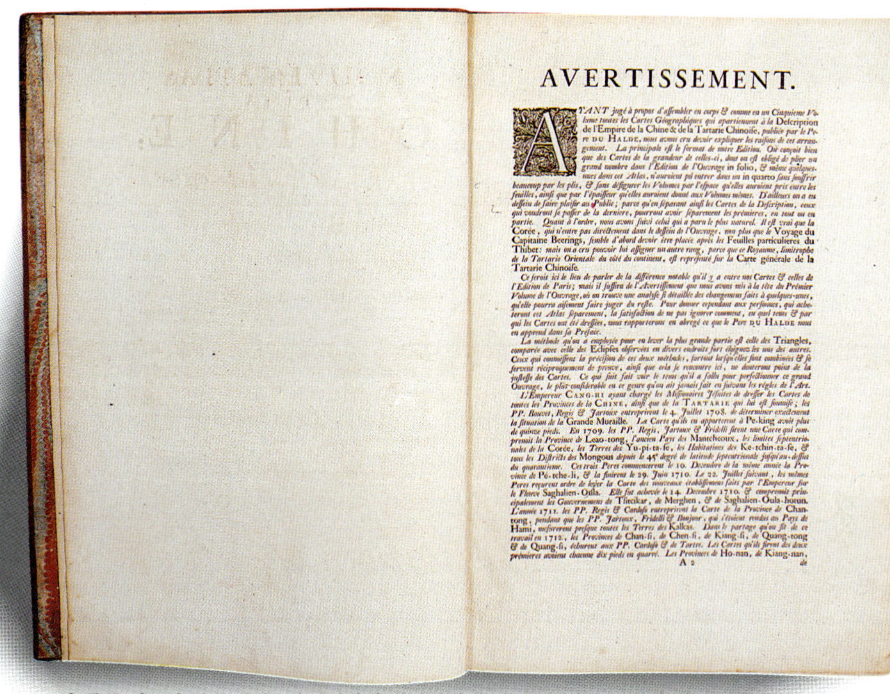

신 중국 전도의 서론 부분 우리나라와 청나라의 국경 문제, 나라 이름의 변천 과정을
보여 주고 있는 이 지도첩은 특히 독도나 만주의 경계선 문제에서 꼭 필요한 중요
자료이다.

당빌의 지도는 김정호의 지도가 나오기 100여 년 전에 만들어졌는
데 이것은 국경 문제 연구에 중요성을 지니고 있다. 특히 독도 관계
나 만주와의 경계선 문제에 있어서는 꼭 필요한 자료이다. 더욱이
그 지도의 제작에 임한 프랑스 선교사들은 우리와 청나라와의 국경
에까지 가서 직접 측지에 참여하였고 산동반도에서도 한반도를
실측하여 경도와 위도를 정하고자 했다는 점에서 그 객관적 가치가
높이 평가된다.

당빌의 지도는 영토 문제말고도 한국의 이름이 Sila에서 Cory,
Caoli, Corée, Corea, Korea 등으로 변하는 과정을 차례로 보여 주고
있어서 우리나라의 존재가 어떻게 인식되어 갔는지를 알 수 있게

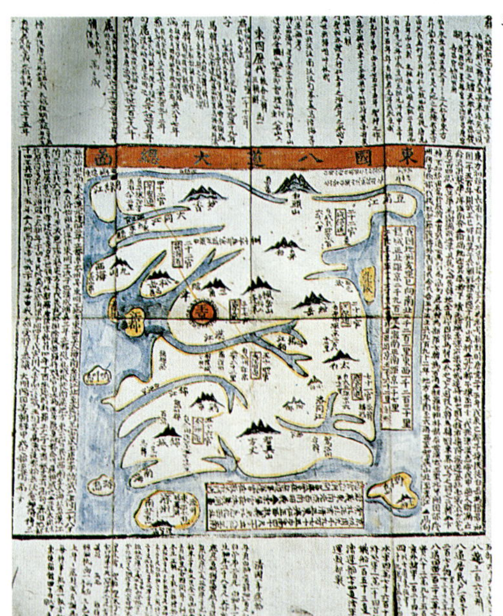

동국팔도대총도 정확한 지형을 보여 주기 위한 지도가 아니고 강줄기, 산, 행정, 지리적인 적요 사항을 제시하기 위한 지도이다. 그러므로 이러한 부정확하게 작성된 지도는 외국에 그릇된 정보를 주게 된다. 압록강과 두만강이 거의 연결되어 한국을 섬으로 보게 되는 오류를 범한다.

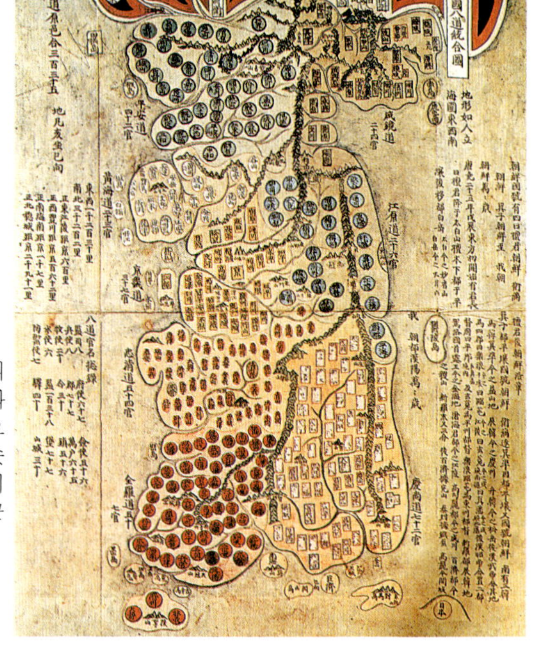

조선국팔도통합도 '동국팔도대총도'의 제작 의도와 같은 까닭에 지도가 추상화되었다. 함경북도 쪽이 많이 왜곡되었으나 상당히 세련되고 당빌의 지도와 비슷한 점이 있다. 그러나 이 지도도 한국이 섬으로 보이게끔 압록강과 두만강 부근이 왜곡되어 있다.

한다. 또한 우리나라의 지형에 대해서도 예전의 길다란 섬이나 반도 형태, 둥근 섬 모양(1590년에 제작된 랑그렌의 '동양 지도')에 이르기까지 다양한 형태로 왜곡되어 오던 것이 점차 실제적인 모습에 가까워진다.

그동안 왜곡된 것의 대부분이 우리나라에 대한 정보와 자료가 부족하였거나 또는 우리나라에서 만든 고지도의 잘못된 형태를 그대로 본떴기 때문이었다.

도(道)로 가는 길

부정확한 고지도들도 잘 살펴보면 어떤 깨달음을 얻을 수 있다. 잘못 그려진 형태들을 보면 몇 가지 유형으로 나뉜다. 그 유형들은 연대별로 계열화되는데 서로 비교해 보면 잘못된 원인을 찾을 수 있다. 하지만 그 깨달음 자체가 의미있는 것은 아니다. 다만 우리에게 정신적인 즐거움을 안겨 주고 그 즐거움을 통하여 우리의 정신은 고지도가 표상하고 있는 세계와 합일하게 된다. 이러한 하나되기의 만남은 우리의 정신을 옛 시대의 공간으로 이끌어가고 어느덧 우리 마음 속의 공간으로 화하게 된다. 그 공간은 오관의 감각이 영험으로 대체되고 실체가 영상과 본성 내지는 본질로 환원된 세계이다. 곧 공간의 차원성과 시간성이 없어진 세계이자 순간으로 충만되고 순간으로 비워지는 자유 그 자체이다.

인간의 정신은 종교, 예술, 학문을 통하여 현세적인 것 너머에 있는 영원과 절대로 가는 길(道)로 들어설 수 있다. 고지도 역시 역사적인 구체성을 바탕으로 그러한 길로 인도하는 매체가 될 수 있다.

서양 고지도

서양 고지도에의 접근

고지도가 관념의 장으로 통한다는 점에서는 학문, 종교, 예술과 상통하지만 종교나 예술의 대상이 가진 상징성을 지니는 것은 아니다. 그 대신 지도의 외형과 내용이 그것들과 유기적인 관계를 지니며, 학문적으로는 역사의 시,공간성과 연결되는 특성을 가졌다. 그러면 우리는 객관적으로 어떻게 고지도에 접근할 수 있을 것인가?

고지도에 대한 접근도 다른 일반 대상물과 마찬가지로 우선 그것을 보는 것으로부터 시작하여 영사막 위에 영상으로 재현되어야 한다. 1단계 바라보기, 2단계 낯 익히기, 3단계 읽기, 4단계 잠기기로 단계화시킬 수 있다.

1단계의 반복이 곧 2단계가 되기 때문에 그 두 가지는 단순한 성격의 같은 행위이다. 그리고 4단계는 정신 내부에서 이루어지기 때문에 기술하기 어려운 단계이기도 하다. 따라서 구체적으로 살펴볼 수 있는 것은 3단계뿐이라고 하겠다.

모든 지도는 그 속에 담겨 있는 정보와 지식을 완전히 읽어서 필요한 사항을 추출해 내야 그 가치를 활용할 수 있다. 고지도도 마찬가지이다. 다만 고지도의 경우는 담겨져 있어야 할 지식이나 정보가 없는 것도 그것 자체로 읽어서 정리해야 할 사항이라는 것이다. 따라서 오류도 단순히 오류로서 지적하는 것으로는 충분하지 않다. 그것을 유형화하고 그 연원을 추적하여야 한다.

고지도 읽기는 우선 제작자, 제작 연월일, 후원자의 유무 등을 살펴보고 난 다음 그 제작자가 단순한 출판업자인지 아니면 지도학자 내지는 수학자, 천문학자인지를 알아볼 필요가 있다. 그런 다음 위도, 경도의 정확성 문제와 지도에 나타난 지형을 살펴본다.

지형에 관한 사항은 지형의 윤곽, 지방의 구분과 도시, 산, 산맥, 강의 표시 그리고 기타 부호에 대한 확인 등을 포함한다. 한국 관계 고지도의 경우 위에 열거한 모든 사항들이 문제를 일으킨다. 우선 정보와 지식을 사실에 가까운 사항, 잘못된 사항, 표시가 되지 않을 사항 등으로 나눈다. 그리고 나서 그 지도 제작자가 다른 지도를 만들었을 경우에 그 지도들과 비교해 본다. 다음에는 그 지도 제작자가 참고한 지도 및 자료가 무엇인지를 추적해 본 뒤 종합적인 평가를 내린다. 종합 평가에서는 문제의 지도가 지닌 취약점과 오류를 체계적으로 유형화시키고 그 지도가 보여 준 새로운 사실들을 지도학사와 역사적인 맥락에서 음미하는 것이 중요하다. 이 과정에서 명심해야 할 것은 국경선의 표시와 각종 이름의 고유 명사화에 관한 문제이다.

당빌의 지도(1737년)는 단순한 지도가 아니고 역사적으로 국경 문제에 있어서 중대한 열쇠를 쥐고 있다. 그렇기 때문에 그 지도의 모체가 되는 기본 자료가 가지는 의의를 충분히 읽어야 하고 제작의 원칙과 과정에 대해서도 알아보아야 한다. 뿐만 아니라 한자 고유 명사의 중국어식 발음의 표기가 지니는 문제도 연구해야 한다.

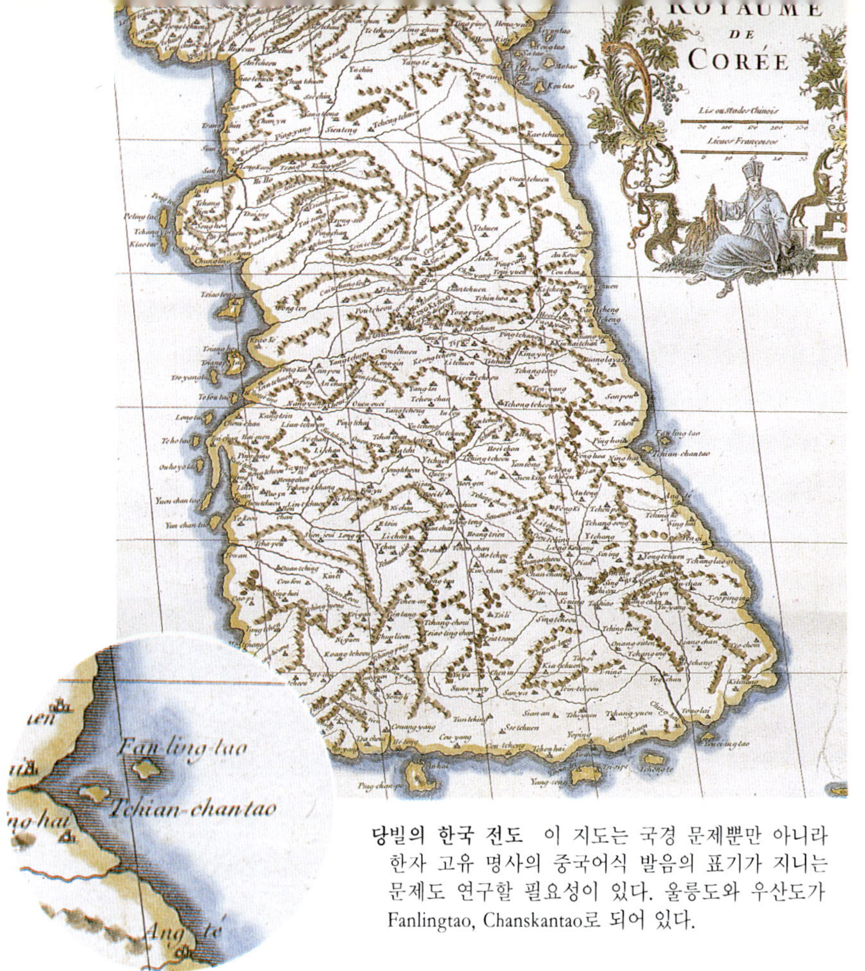

당빌의 한국 전도 이 지도는 국경 문제뿐만 아니라 한자 고유 명사의 중국어식 발음의 표기가 지니는 문제도 연구할 필요성이 있다. 울릉도와 우산도가 Fanlingtao, Chanskantao로 되어 있다.

예컨대 울릉도와 우산도가 'Fanlingtao' 'Chanskantao'로 표기되어 있는데 그 원인을 찾아야 그것이 어떤 지명인지 알 수 있고 또 그 지명의 표기가 내포하는 의미도 찾아낼 수 있다. 대부분의 지명들은 중국어식 발음 표기에서 온 것이지만 일부는 일본식 한자 발음의 표기이기도 하다. 그리고 제주도, 울릉도, 독도, 기타 서해안과 남해안의 섬 이름들은 자의적으로 이름을 붙이거나 그 섬들의 발견과 관련있는 서양인 이름을 부여하다가 지도 제작자에 따라서 나중에 변경되기도 한다.

한국과 관계있는 서양 고지도

프톨레미의 '세계 지도'(150년)

프톨레미는 천문, 지리학자로 본래 이름은 프톨레마이오스이다. 영어에서 첫 피(P)음의 발음이 생략되기 때문에 흔히 영어식으로 톨레미라고 부른다.

8권으로 된 「지리학」은 그의 천문학 저서 「알마게스트」와 함께 희랍의 학문 전통과 초기 로마시대의 지중해권 학문의 결산으로서 근대에 이르기까지 약 1500년 동안 최고의 권위와 최대의 중판 기록을 지니고 있다. 그는 지구의 원주를 360도로 나누어 경위선을 설정하고 원뿔 도법을 도입하여 평면 위에 둥근 지구를 표시하였다. 그의 지도에는 인도 대륙이 제대로 표시되지 않았고 그 대신 스리랑카에 해당하는 타프로바나섬이 지나치게 고쳐졌다. 세계의 동쪽 끝에 중국에 해당하는 나라로 '비단국(Serica)'과 '중국(Sina)' 두 나라가 표시되어 있다.

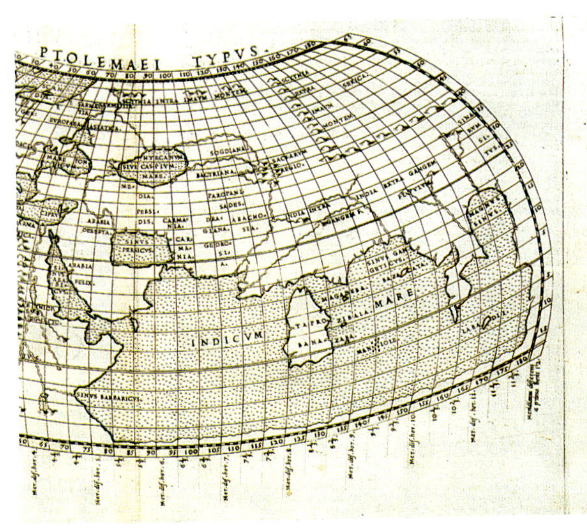

프톨레미의 세계 지도(부분) 인도 대륙이 제대로 표시되지 않았고 스리랑카에 해당되는 타프로바나섬이 지나치게 고쳐졌으며 동쪽 끝에 중국에 해당되는 비단국과 중국 두 나라가 표시되어 있다.

알 이드리시의 지도(1154년)

시칠리아의 노르망왕 로제 2세의 명을 받아 알 이드리시는 지리 해설서「로제왕의 책」을 썼는데, 그 속에 세계 지도와 세계 각 지역의 지도를 첨가하였다. 그는 프톨레미의 지도를 바탕으로 아랍 세계의 지리 지식을 첨가하였다.

중국의 남쪽에 여러 개의 섬을 그리고, 신라(Sila)와 와꾸와꾸(Wakuwaku)가 있다고 설명하면서 그는 신라를 섬으로 표시하고 있다. '꾸'는 나라이고 '와꾸와꾸'는 왜국을 반복한 셈이다. '왜'는 일본을 낮추어서 부르는 이름이기 때문에 중국인들의 왜국 발음을 아랍인들이 이해하지 못하기 때문에 반복한 것이 '와꾸와꾸'로 된 것이 아닌가 하는 생각이 든다. 그리고 신라가 섬으로 표시된 것에 대해서도 필자는 장보고의 청해진과 교역을 하던 아랍 상인들이 남해의 섬들만을 신라라고 오해하였던 것이 그 발단이 되었다고 추정하고 있다.

카탈란 해도(1375년)

스페인 카탈로니아 지방에서 작성된 해도의 일종으로 양피지(羊皮紙) 위에 항해에 필요한 동, 서의 지역들이 표시된 지도이다. 이 지도에는 지도상의 지점들을 중심으로 여러 방향으로 그물 모양의 방위선 표시가 되어 있다. 그것은 나침반을 사용하는 항해에 도움을 주기 위한 것으로 인물, 건물, 범선 등을 그려넣어 생동감과 함께 장식성을 부과하였는데 그러한 전통은 근대 지도에까지 계속되었다.

마르코폴로의 가족이 말을 탄 모습을 보아서도 알 수 있듯이 각종 여행기의 내용이 지도에 옮겨졌다. 중국을 'Catayo'라고 표시하고, 프톨레미의 타프로바나섬에는 "달단인들이 카울리(Caulij)라고 부르고 거인, 식인, 속인들이 살고 있다"라는 설명이 첨가되어 있다.

마르코폴로는 고려에 해당하는 카울리라는 국명만 설명 없이 단한 번 썼기 때문에 이 설명이 마르코폴로의 「동방견문록」에서 나왔다고 하기보다는 루브룩의 여행기에서 온 것으로 추정된다.

몽고인들이 고려를 설명하면서 "중국 아래쪽 물 건너에 고려가 있다"라고 한 말에서 '물'을 '강'으로 번역해야 하는 것을 통역의 잘못으로 '바다'라고 번역해 주었기 때문에 루브룩은 그의 여행기에서 고려를 섬나라라고 했고, 그것이 카탈란 지도에서는 프톨레미의 타프로바나와 같은 섬이 된 것이다.

16세기 해도(海圖)들

8세기에서 15세기까지 동방 무역과 해상에서 주도권을 잡았던 것은 아라비아인들이었다. 그들이 항해에 필요한 해도를 가지고 있었다는 사실은 확실하지만 실제로 남아 있는 것은 거의 없다. 단지 그들을 쫓아내고 새로운 강자로 등장한 포르투갈의 해도가 아라비아인들의 해도에서 많은 영향을 받았을 것이라고 생각한다.

16세기에 작성된 해도 가운데 포르투갈이 식민지로 개척한 인도의 고아에서 지도학자 두라도가 제작한 1568년의 지도에서 한국은 일본(Iapan)의 서북쪽 대륙에 콘라이 해안(costa de Conrai)이라는 지명으로 표기되었고, 그의 1571년과 1573년의 해도에서는 콤라이(Comrai) 해안이라는 표기로 다시 나타난다. 이 지명은 고려의 일본식 발음을 잘못 옮겨 놓은 것이라고 생각된다.

랑그렌(Langeren)의 지도들

랑그렌이 1590년에 제작한 '동양 지도'에는 한국이 좁다란 반도로 모습을 드러내고, 한국의 국명이 'Corea' 'Tiauxen' 'Cory' 세 가지로 동시에 표기되어 있다. 이 지도는 두라도의 영향과 함께 중국 지도의 영향을 받았다고 생각하게 한다. 그래서 조선이 중국식 발음으로

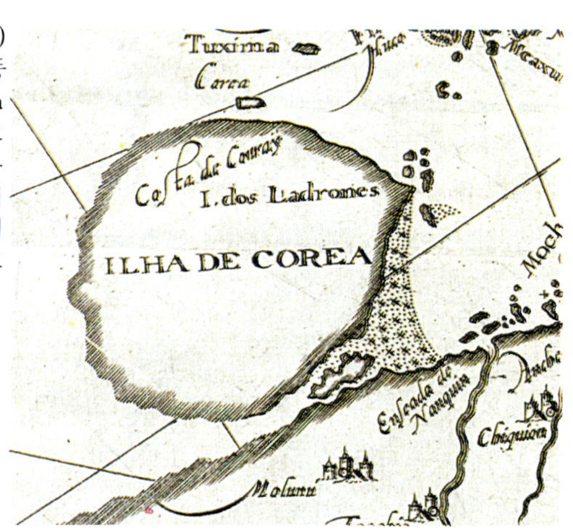

랑그렌의 동인도 지도(부분)
중국 대륙 위에 있는 둥근 섬에는 Ilha de Corea 와 I dos Ladrones라고 되어 있고 또 그 위 작은 섬에는 Corea라고 되어 있다. 이것은 한국에 대해서 막연한 지식만 가지고 있었음을 보여 준다.

나오지만 ‘Cory’라는 이름은 아라비아인들이 ‘고려’를 발음한 것으로 오늘날까지도 아랍 세계에서는 한국을 ‘Cory’라고 부르고 있다. 이런 점에 비추어 볼 때 랑그렌 지도에 아라비아 지도가 영향을 미쳤다고 볼 수 있다.

랑그렌의 1595년 ‘동인도 지도’는 널리 알려진 지도이다. 이 지도는 본래 인도에서 7여 년 동안 지내면서 각종 해도를 수집한 린쇼텐(Linschoten)이 암스테르담으로 돌아와 출판한 「동양수로지(Itin-erario)」에 첨가된 지도이다. 두라도의 지도와 함께 랑그렌의 지도도 동쪽을 위로 하고 있는데 그것은 인도의 영향을 받은 것이다. 중국 대륙 위에 있는 둥근 섬을 ‘Corea’라고 한 것은 다른 지도에서 찾아볼 수 없는 형태로서 루브룩의 여행기를 토대로 한 프톨레미 유형의 지도에서 영향을 받았다고 생각된다. 또한 이 섬을 ‘도적섬’이라고 표시한 것은 대마도와 혼동한 것으로 생각되고, 또 하나의 작은 섬에다 ‘Corea’라고 표기한 것은 일본은 알고 있으나 한국에 대해서는 막연한 지식만을 가지고 있었음을 보여 준다.

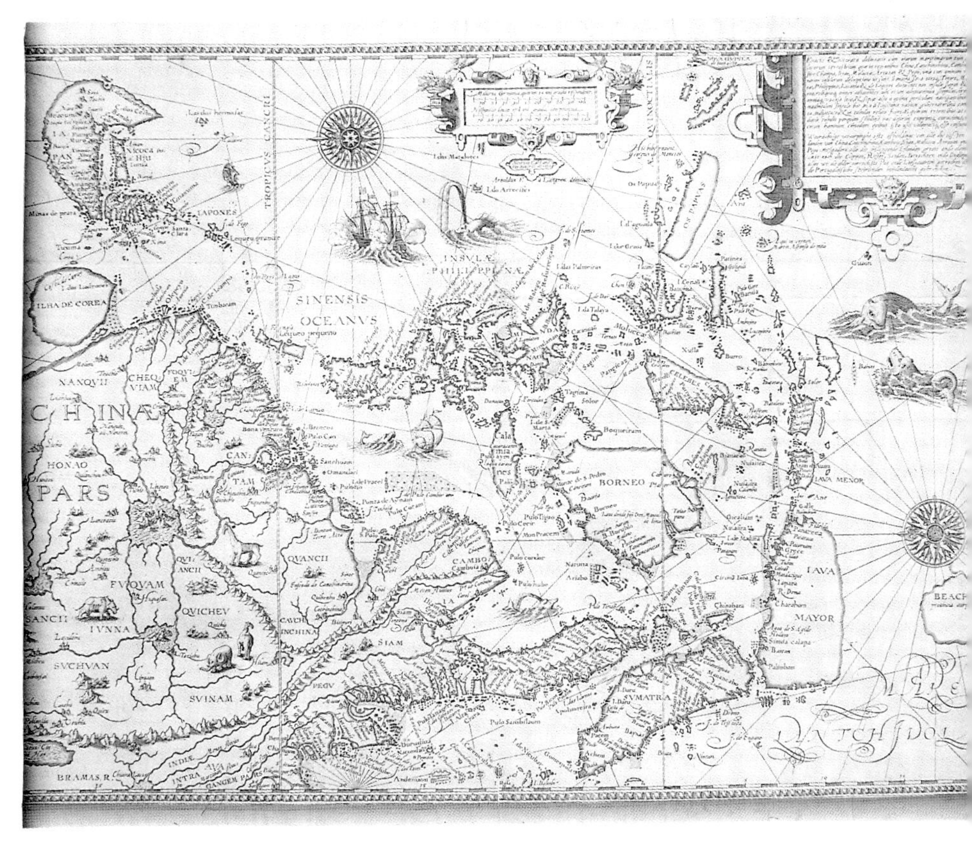

랑그렌의 동인도 지도 1595년 작성된 이 지도는 린쇼텐이 인도에서 7여 년 동안 지낸 경험을 바탕으로 출판한 「동양수로지」에 첨가된 지도이다. 그러나 두라도, 뮨스터, 오르텔리우스 등의 초기 추상적인 동양 지도를 바탕으로 한 까닭에 매우 부정확하다.

헤레라(Herrera)의 '서인도 제국 지도'(1601년)

이 지도는 스페인에서 1575년에 손으로 그린 지도를 바탕으로 작성되었다고 기록되었다. 이것은 중국을 'China', 일본을 'Iapan', 한국을 'Cory'로 표기하고 있고 한국의 모양은 길쭉한 섬으로 대륙과는 약간 떨어져 있다.

이 지도는 남미 (南美)와 남태평양 그리고 동남아 지역이 바스코 다가마(1497~1498년)의 인도 항로 개척과 마젤란(1470~1502년)이 행한 1519년의 태평양 횡단 이후로 태평양 항로가 알려져 동서의 해상 왕래가 빈번해져 16세기 후반부터는 동남아 지역의 지도가 차츰 정확하게 되어 갔음을 보여 준다. 그리고 일본의 존재는 알려졌지만 한국은 아직 구체적으로 알려지지 않은 시점에서 다른 표기가 아닌 'Cory'로 표기되었다는 것은 생각해 볼 문제다.

아라비아인들만이 한국을 'Cory'라고 부른다는 점을 생각할 때 그리고 이러한 형태가 다른 유형의 지도에서는 찾아볼 수 없다가 그 뒤 17세기에서 18세기 초에 제작된 네덜란드와 프랑스 지도에서 이와 비슷한 형태의 한국 지형이 나온다는 사실을 고려할 때, 이 지도는 이름뿐 아니라 지도 자체도 대식국 상인들에게서 얻어낸 지도들을 토대로 만들어진 것이라고 생각된다.

마르티니(Martini)의 「중국 지도첩」(1655년)

1602년 '곤여만국 전도'를 출판하여 중국에 서양 지리 지식을 전해 준 대가로 명으로부터 천주교 포교권을 얻어낸 마테오리치는 교황청에 천문, 지리에 능한 선교사를 파견해 줄 것을 요청하였다. 그리하여 파견된 이탈리아 출신 예수회 소속 선교사 가운데 한 사람이 바로 마르티니(1614~1661년)였다.

포교 활동을 하면서 중국 지리와 지도에 대한 연구를 계속한 마르티니는 1651년에 일시 귀국하면서 가지고 들어간 자료를 당시 유럽

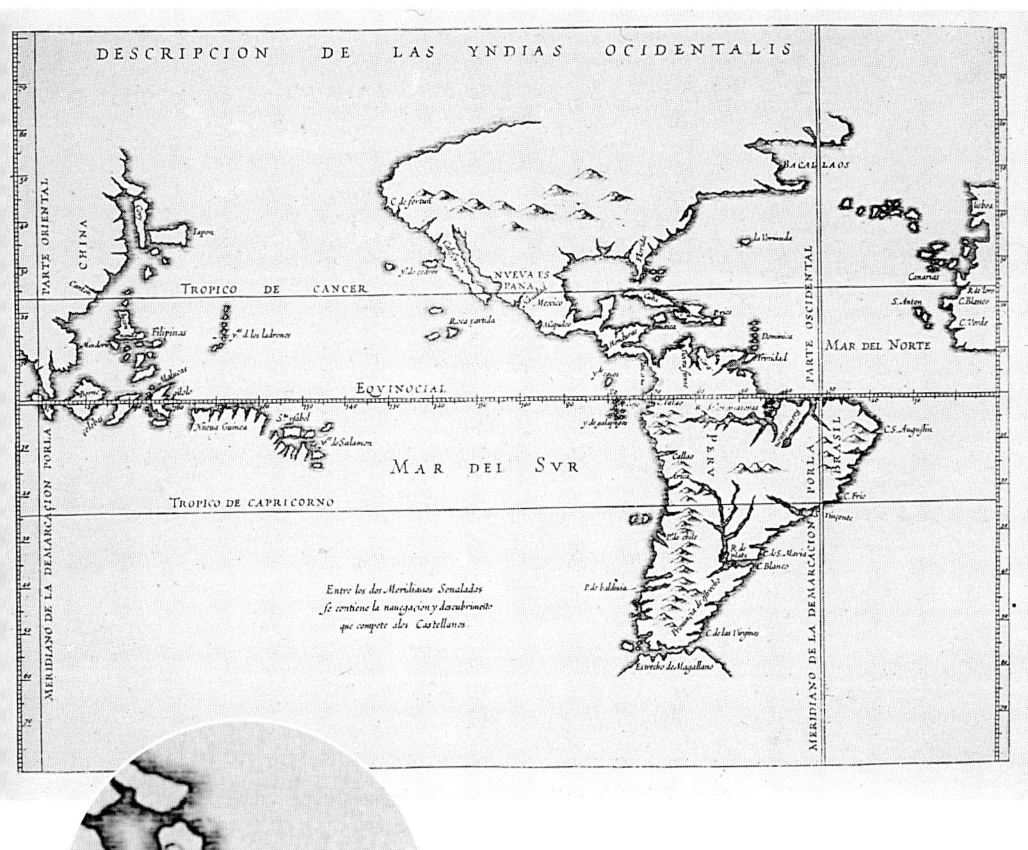

헤레라의 서인도 제국 지도 한국 지도에 아랍어 표기로 고려를 나타내는 Cory라고 되어 있어 아랍 상인들의 지도를 참고로 하였음을 보여 준다. 또한 여기에 나오는 도적섬이라는 것은 그 근처에서 무역선들이 해적들에게 약탈당했기 때문에 주의하라는 경고 의미인 것 같다.

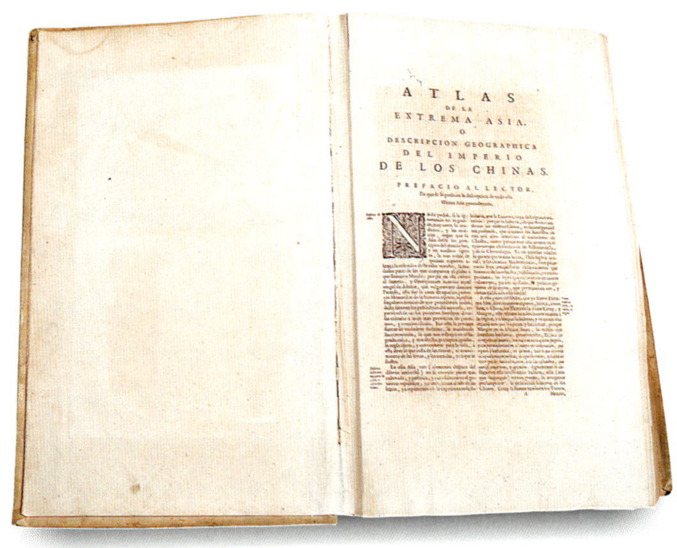

에서 지도 제작으로 이름나 있던 요안 블라우(Joan Blaeu)와 함께 출판하게 된 것이 1655년의 「중국 지도첩(Atlas Sinesis)」이다. 이것은 중국 쪽의 자료를 바탕으로 서양의 지도 제작 원칙에 입각하여 제작된 첫번째 지도첩이라는 데 의의가 있다. 대체적으로 이 지도첩은 1555년의 나홍선(羅洪先)의 '광여도'를 바탕으로 작성되었다고 알려져 있고, '곤여만국 전도'를 함께 참고하였다는 것도 확인할 수 있다. 그러나 한국의 모습은 마테오리치의 지도에서 보여 주는 형태와는 다르다.

마테오리치의 지도에서 보여 주는 한국 형태와 마르티니 지도의 한국 형태는 17세기의 지도 제작에는 물론 1737년에 당빌이 만든 '한국 전도(조선왕국 전도)'의 출판 이후에도 계속 서양에서 제작된 지도에 두 가지 다른 유형의 한국 형태를 제공하는 모형 역할을 하였다.

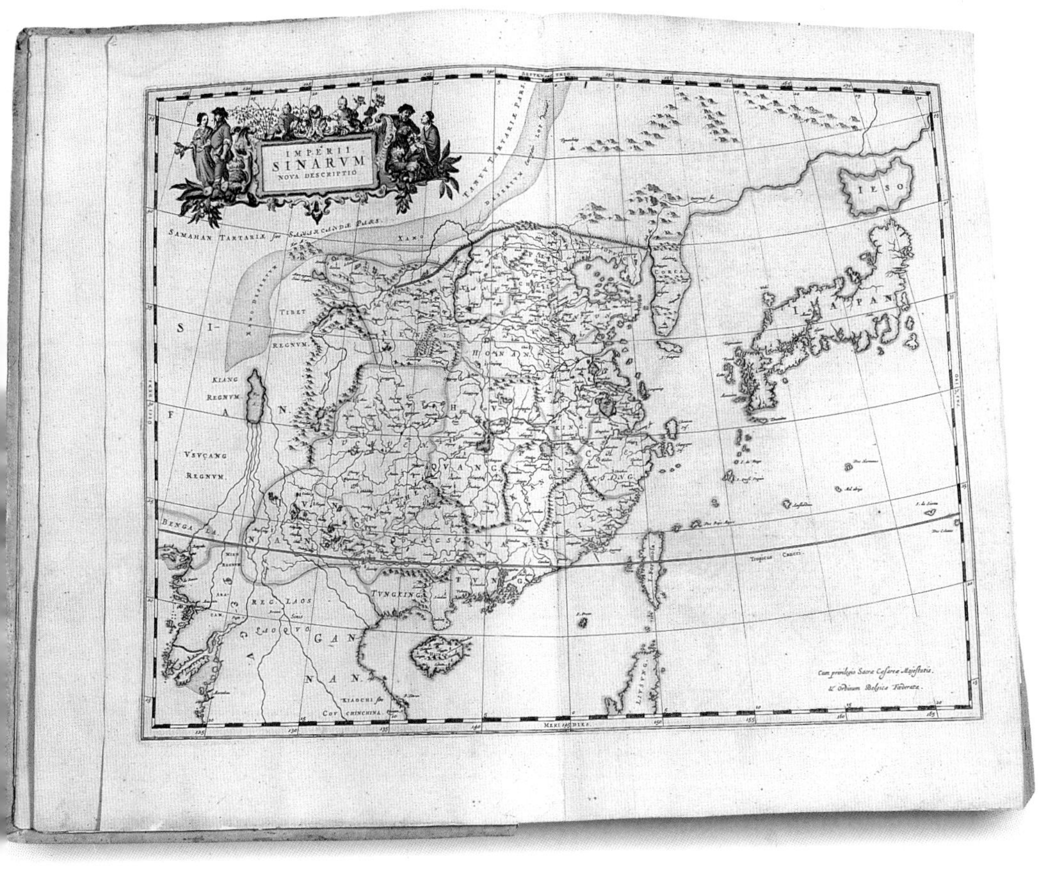

마르티니의 중국 지도첩 속표지 1655년 출판된 이 지도첩은 당시 지도 제작으로 이름 나 있던 요안 블라우와 함께 작성한 것으로 중국 쪽의 자료를 바탕으로 제작된 첫번 째 지도첩이라는 데 의의가 있다. (옆면)

마르티니의 아시아 전도 「중국 지도첩」안에 나오는 아시아 지도로서 나홍선의 '광여 도'를 바탕으로 작성하였다고는 하나 많이 다르며 '곤여만국 전도'를 참고하였다는 것을 확인할 수 있다. 우리나라를 Corea로 표기하였고 팔도 이름도 중국식으로 표기 하였다. 한국 지도에 있어서는 당빌의 지도가 나오기 전까지 서양 지도에 큰 영향을 끼쳤다. (위)

드 페르(De Fer)의 '동부 아시아 지도'(1703년)

드 페르(1646~1720년)는 지리학자이면서 누구보다 많은 지도를 제작한 사람이지만 그의 지도들의 중요성에 대한 논의는 충분히 이루어지지 않았다. 그 이유는 그의 지도가 마르티니의 지도를 참작하였으면서도 한국의 해안선 형태를 좀 단순화시켜 성의 없이 그려진 인상을 주기 때문이다.

드 페르 지도의 특징은 지형의 형태보다도 지명과 지리적 이름에 대한 설명을 동시에 기록하고 있다는 점이다. 그는 일본을 'Niphon'으로 표기하고 그 옆에 'Japan'과 'Niphon'에 대한 설명을 하고 있다. 동해에 대해서는 "유럽에 거의 알려지지 않은 바다로서 달단인들은 동해라고 부른다"라고 써 놓았다. 여러 가지 사실로 미루어보아 그가 만주와 일본의 소식에 상당히 정통해 있었고 또 선교사들의 단순한 지도 자료뿐만 아니라 보고서와 서간문, 문헌 자료 들까지도 소화하고 있었음을 보여 주는 지도이다. 그 뒤의 지도에서 동해를 'Mer Orientale'이라고 표기한 지도들은 이 지도의 영향을 받았다.

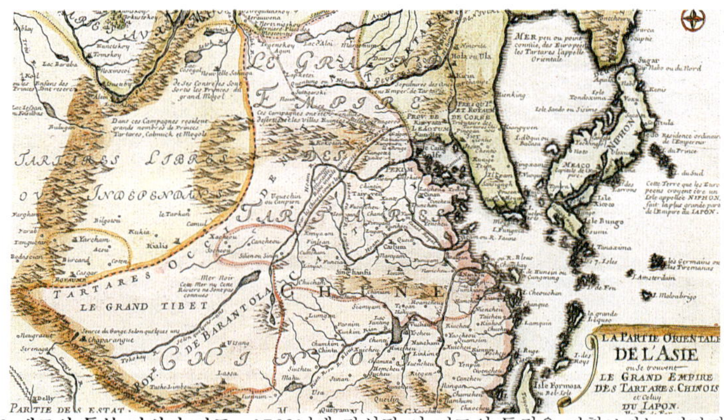

드 페르의 동부 아시아 지도　1703년에 작성된 이 지도의 특징은 지형보다는 지명과 지리적 이름에 대한 설명을 동시에 기록하고 있다는 것이다. 일본을 Niphon, 동해를 Mer Orientale이라고 표기하고 있다.

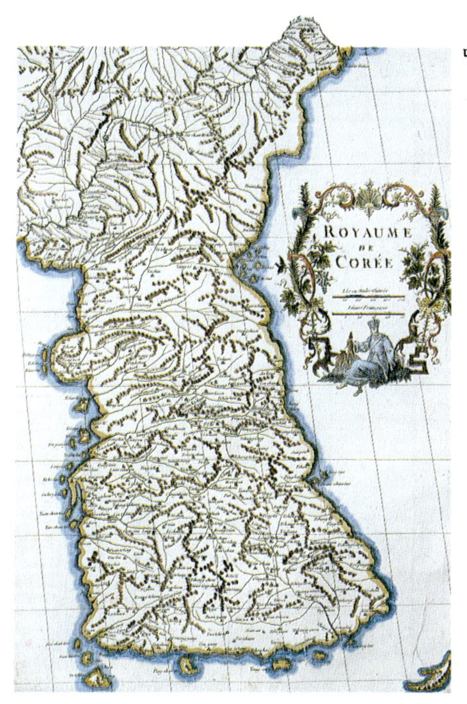

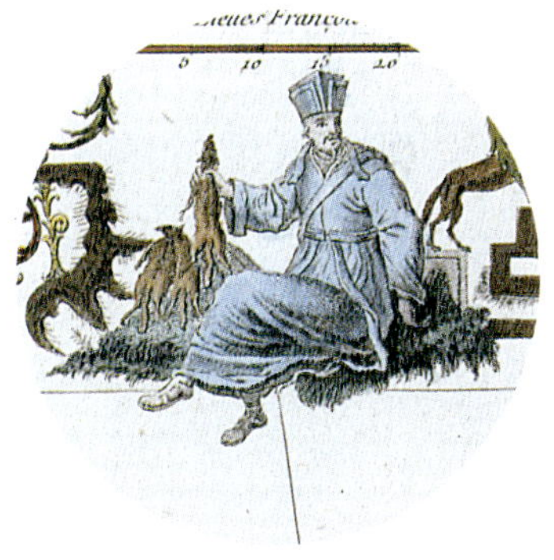

당빌의 조선왕국 전도　당빌이 1737년에 발간한 「신 중국 지도첩」 안에 있는 우리나라 지도로서 갓 쓰고 인삼을 들고 있는 사람의 형상이 그려져 있다. 이것은 한국에 대한 첫 전도라는 점과 지도의 정확성과 신빙성으로 그 이후에 제작된 지도들의 모형 역할을 했다. (왼쪽, 아래)

당빌(D'Anville) 의 '조선왕국 전도'(1737년)

당빌(1697∼1782년)은 평생 동안 지리와 역사 지리를 연구하였다. 그가 수집한 1만여 장의 고지도들은 그의 사후 루이 16세가 사들였다. 15세 때 고대 희랍의 역사 지리를 제작하였고 그 뒤 지도 제작에 있어서 그는 당대 최고의 권위를 쌓아올렸다. 그의 특징은 각종 지도 자료를 비판적으로 분석, 검토하고 상호 비교하여 선배 지리, 지도학자들의 오류를 교정한 것이다. '황여전람도'를 바탕으로 한 그의 1737년의 「신 중국 지도첩」이 출판된 이후로 거의 모든 서양 지도가 그의 지도를 따랐다. 지도첩 안에는 갓 쓰고 인삼을 들고 있는 사람의 형상을 옆에 그려넣은 '조선왕국 전도'가 있는데 이 전도는 한국에 대한 첫 전도라는 점과 지도의 정확성과 신빙성 때문에 그 이후에 제작된 지도들의 모형 역할을 하였다. 그의 '한국 전도'는 조선 왕실에서 중국으로 건너간 비장의 지도를 참고하였다고만 알려져 있을 뿐이고 자세한 사항은 아직 정확히 알 수 없다. 서울의 이름이 들어 있지 않고 울릉도와 독도가 지나치게 해안 가까이에 있다는 점 등이 약점으로 지적될 수 있겠지만, 백두산을 중심으로 한 한국과 중국의 경계선 책정에 대한 문제에는 가장 중요한 자료이기도 하다.

보공디(Robert de Vaugndy)의 '일본 제국'(1750년)

보공디(1688~1766년)의 가문(家門)도 18세기의 지도 제작에 있어 손꼽는 집안이다. 그 이전의 지도에는 동해의 이름이 '동해' 또는 '한국해'였으나 보공디의 지도에서는 한, 일 양쪽에 보다 공평히 한국 쪽은 한국해, 일본 쪽은 일본해라고 표기하고 있다. 그러나 18세기 말부터 제작된 지도에는 양쪽 모두 일본해로 나타난다.

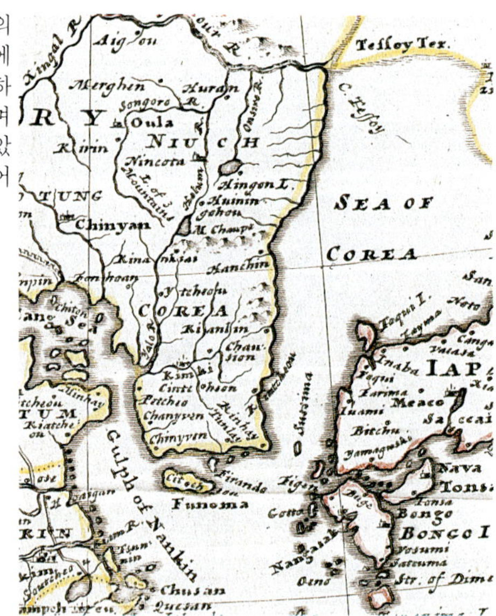

몰의 중국 및 일본 지도 영국의 지리학자인 몰이 1750년경에 제작한 지도로서 현실과 부합하는 지도를 제작하고자 했으며 마테오리치 지도의 영향을 받았다. 동해가 한국해로 표기되어 있다.

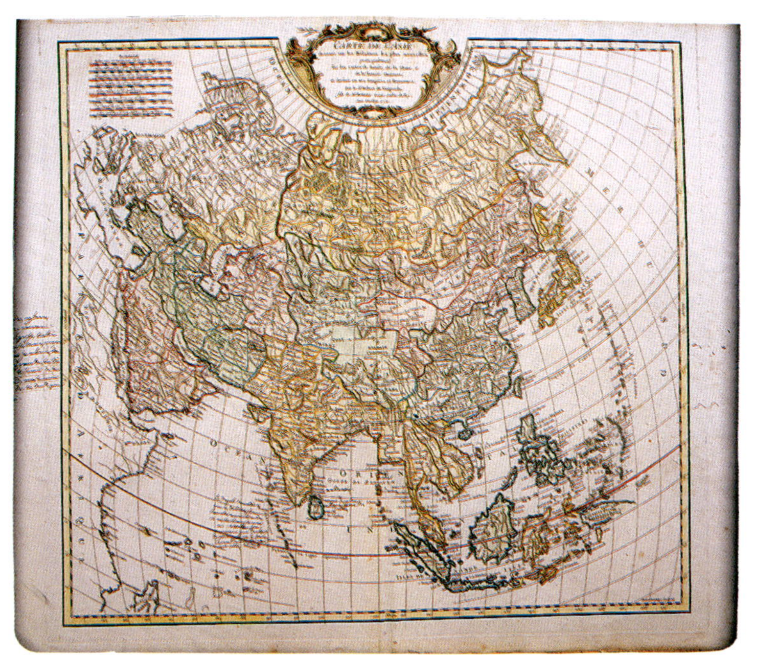

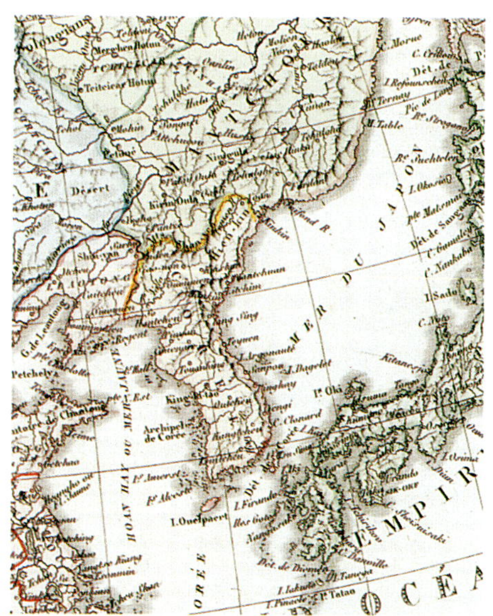

보공디의 1751년 아시아 지도 프랑스 왕실의 지리학자인 보공디의 아시아 지도 윤곽은 당빌 지도를 따랐기 때문에 독창적이지는 않으나 동해를 한국해라고 표기하였다.(위)

라피의 중국 지도 지리학자인 라피가 1850년경에 작성한 이 지도에서는 동해를 일본해로 표기하였다.(왼쪽)

라 페루즈(La Pérouse)의「항해도첩」(1797년)

16세기 중반부터 18세기 중반까지의 서양 제국은 북태평양과 구라파를 잇는 통로가 있다고 생각하였고, 그 새로운 통로가 동남 아시아와 구라파의 항해를 단축시켜 줄 수 있다고 믿으면서 그 발견에 많은 노력을 기울였다. 그리하여 1728년 러시아의 베링(Bering; 1681~1741년)이 베링 해협을 발견하기까지 시베리아 동쪽과 알라스카의 형태는 부정확할 수밖에 없었다.

베링 해협이 발견된 뒤에도 세계의 탐험가들이 탐험하지 못한 바다가 바로 동해였다. 그리하여 17세기 후반 이후 지도 작성에 측지와 천문학 그리고 수학을 동원하여 당대 최고의 수준을 자랑하던 프랑스가 18세기 말엽 동해를 비롯한 당시까지 잘 알려지지 않았던 바다와 육지와 섬들을 조사하기 위하여 탐사대를 파견할 것을 결정하였다. 이러한 탐사대 파견의 일차적인 이유로는 미탐사 지역에 대한 학술적인 탐사였지만 해외 식민지 획득에 있어서 상대적인 열세를 만회하고자 하는 속셈도 있었다. 그리하여 1785년에 라 페루즈의 지휘 아래 '부쏠(Boussole)호'와 '아스트롤라브(Astrolabe)호'라는 두 척의 배를 진수시켰다. 그 두 선박에의 승선 인원은 253명이었는데 그 가운데는 항해 요원말고도 천문학, 지질학, 생물학 분야의 과학자들이 망라되었다.

1787년 5월 19일 제주도 남단에 접근하였고 같은 해 5월 29일에는 울릉도를 발견하였다. 그리하여 울릉도를 배에 승선한 천문학자 다쥴레(Dagelet)의 이름을 따라 명명한 뒤 제주도 근해, 남해, 동해의 수심을 역사상 처음으로 실측하였고, 해안선과 섬들의 다양한 모습을 기록하여 남겼다. 이 항해에는 당빌의 지도가 기본 참고 지도로 이용되었고 탐사 지역과의 차이를 일부 수정하면서 항해해 나갔다. 기상과 해류 관계에 따라서 독도도 관측할 가능성이 있었겠는데 그렇지 못한 것이 유감이다.

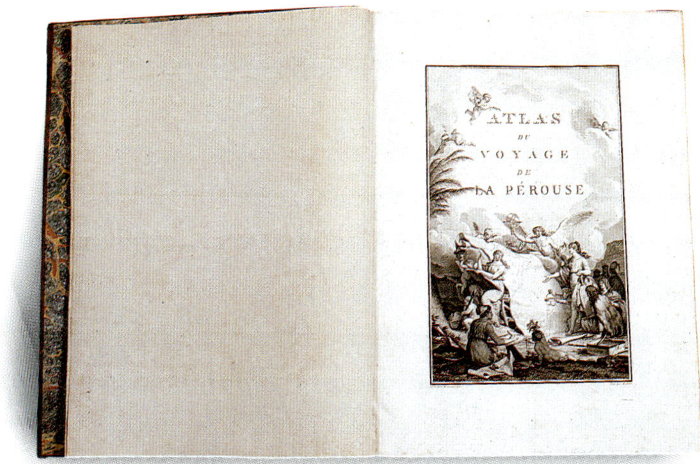

라 페루즈의 항해도첩 속표지 프랑스 정부의 막대한 예산을 들여 부쏠호와 아스트롤
라브호 두 척의 배를 이끌고 라 페루즈는 세계의 지역을 탐사하여 책으로 냈다.(위)

라 페루즈의 한국 근해 탐사도 「항해도첩」 안의 지도로서 서구 역사상 처음으로 동해
안을 탐사한 라 페루즈는 당빌의 '한국 전도'를 기본으로 하여 해안선을 따라가면서
당빌 지도의 오류를 시정하였고 각 해역의 수심과 위도를 측정하였다. 울릉도는 발견
하였으나 독도는 발견하지 못했다.(아래)

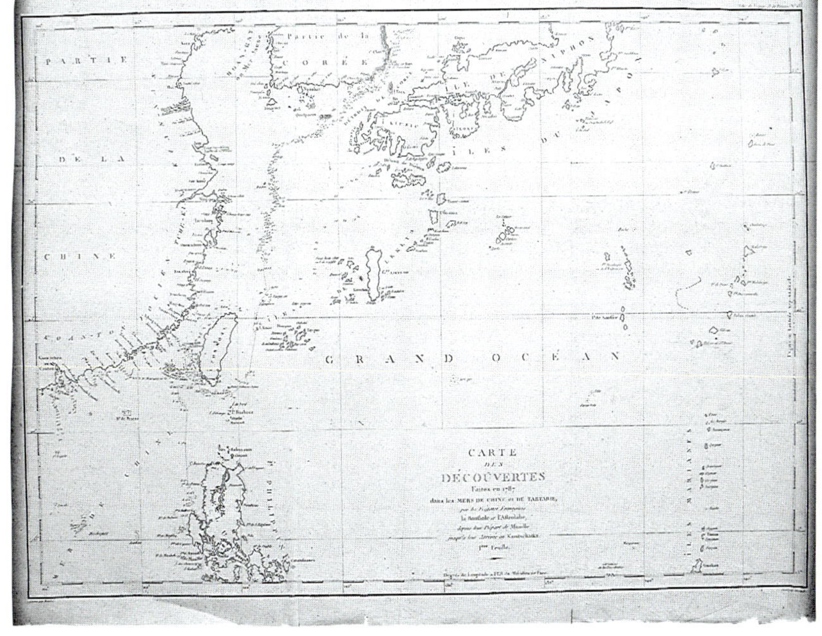

클라프로트(J. Klaproth)의 '삼국총도'(1832년)

클라프로트(1783~1835년)는 베를린 태생의 역사학자 및 언어학자로 대부분의 서구 언어뿐만 아니라 중국어와 일본어까지 능통한 당대 제일의 동양학 관계 학자였다.

그는 베를린, 페테스부르그(현재 레닌그라드), 모스크바 등의 도서관에 소장된 동양학 관계 자료의 정리를 책임 맡을 만큼 권위있는 학자로 한국어의 기초도 익힌 적이 있다. 파리의 국립 동양어학교 교수로 있으면서 「아시아 역사 지도첩」(1826년)과 「아시아의 제언어」(1823년) 등을 저술하였고, 1832년에는 영국 왕실의 동양학 서적 번역 기금을 얻어 일본에 살던 중국계 학자 임자평(林子平)의 「삼국통람도설」을 번역하였고 거기에 '삼국총도' 및 '조선팔도지도'를 별도로 첨가하였다.

'삼국총도'라는 한국 지도는 마테오리치의 한국 지도와 유사한 형태로서 해안선이 단순화되고 부정확한 모습을 보여 준다. 그럼에도 불구하고 이 지도가 가지는 중요성은 다께시마(죽도)라고 부르는 독도를 "한국에 속한다" 곧 "à la Corée"라고 명기하고 있는 점이다. 이 지도가 본래 1785년도에 중국과 일본의 자료를 중심으로 작성되었다는 점과 1832년에는 당대 동양학의 권위자 클라프로트가 주석을 첨가하여 번역한 동양 3국에 관한 저서에 첨부되었다는 사실은 이 지도의 중요성을 입증시켜 준다.

클라프로트의 「삼국통람도설」 이 책에는 한국 문화와 한국어도 비교적 자세히 소개하고 있는데 이것은 한글을 소개한 한 면이다. (옆면 위)

클라프로트의 삼국총도(부분) 임자평의 「삼국통람도설」을 번역한 클라프로트는 그 책 안에 부록 지도첩으로 '삼국총도' 및 '조선팔도지도'를 첨가했다. 독도가 한국 영토임을 문자로 명기하고 있으므로 독도 문제에서 상당히 중요한 자료이다.(옆면 아래)

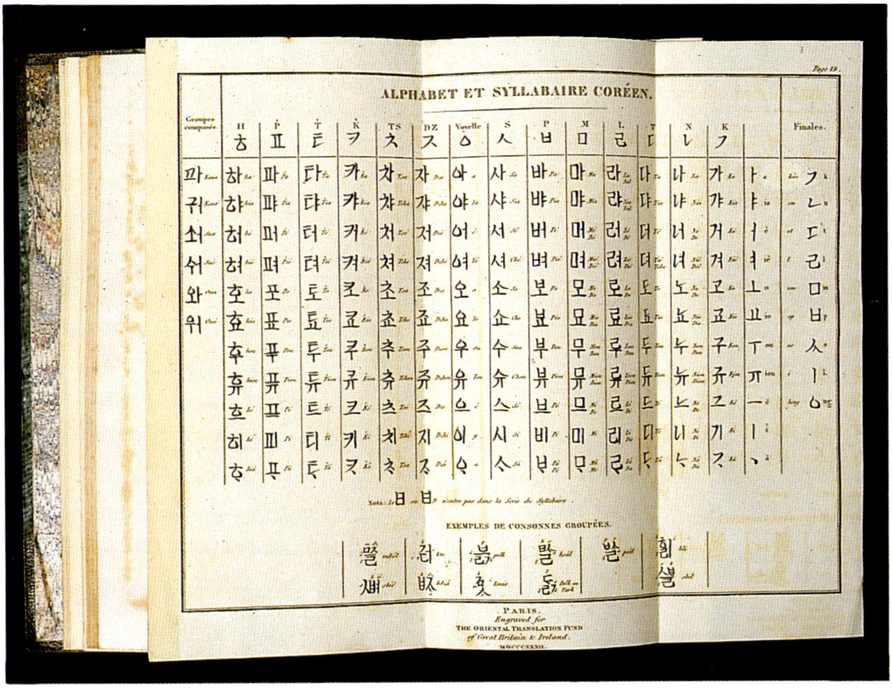

ALPHABET ET SYLLABAIRE CORÉEN.

Groupes composés.	H ㅎ	P ㅍ	T ㅌ	K ㅋ	TS ㅊ	DZ ㅈ	Voyelle ㅇ	S ㅅ	P ㅂ	M ㅁ	L ㄹ	T ㄷ	N ㄴ	K ㄱ		Finales.

Nota. Le 日 ou 日 n'entre pas dans la Série du Syllabaire.

EXEMPLES DE CONSONNES GROUPÉES.

PARIS.
Engraved for
THE ORIENTAL TRANSLATION FUND
of Great Britain & Ireland.
MDCCCXXXII.

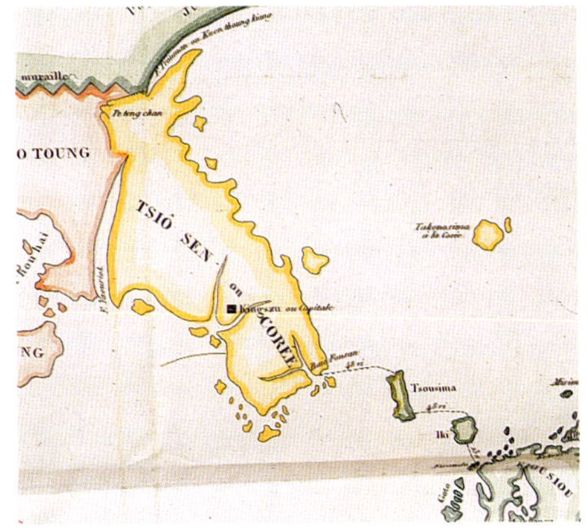

서양 고지도 속의 한국

일반적 고찰

동해(東海)에 관한 불어 표기가 일본해가 아니라 '동해' 또는 '한국해'로 되었다는 것을 발견한 것이 인연이 되어 필자는 전공과 다른 지도학에 관심을 갖게 되었고, 그에 대한 자료를 수집하게 되었다. 1978년 1월에서 4월에 한국일보에 발표된 일련의 기사는 그에 대한 일차적인 결과를 종합한 것이다. 그러나 돌이켜보면 지도에 대한 관심 자체가 애국심에서 출발했었고 또 지리학 관계 논문이나 저서에 대해 충분히 검토하지 못하였으며 본인 자신이 수집한 자료 자체도 부족하였다. 그동안 수집된 보충 자료를 토대로 부족한 점을 보충할 필요를 느꼈고 서구 지도에 나타난 한국에 대한 보다 포괄적인 고찰을 통하여 한국의 형태, 국경 표기 및 국경선 설정에 대한 통시적 연구를 시도하고자 한다.

특정한 지역이나 국가에 대한 지도학에 관한 연구는 몇 가지 면으로 나누어 생각해 볼 수 있다. 우선 지도학의 발달에 관한 연구를 들 수 있다. 주로 지세(地勢)의 고저, 강과 하천 등 수로(水路) 관계

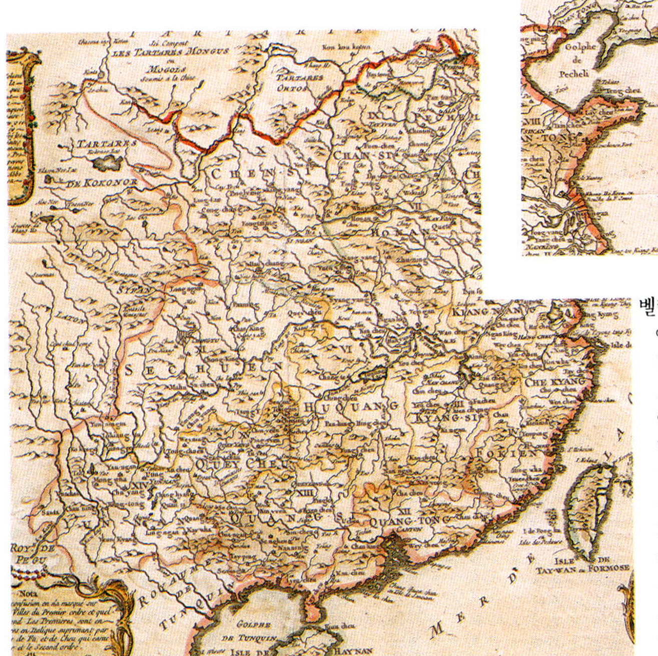

벨랭의 중국 지도 지도학에 관한 연구는 우선 지세나 수로, 투영법 등이 고찰의 대상이 되는데 이러한 것은 어느 지역이나 나라에 국한하여 연구할 수도 있다. 파리의 지도 제도사인 벨랭이 1748년에 만든 이 지도는 해운, 항만, 수로 관계뿐 아니라 지역의 정밀도 등에서 가치가 높다. 동해를 한국해로 표시했다.

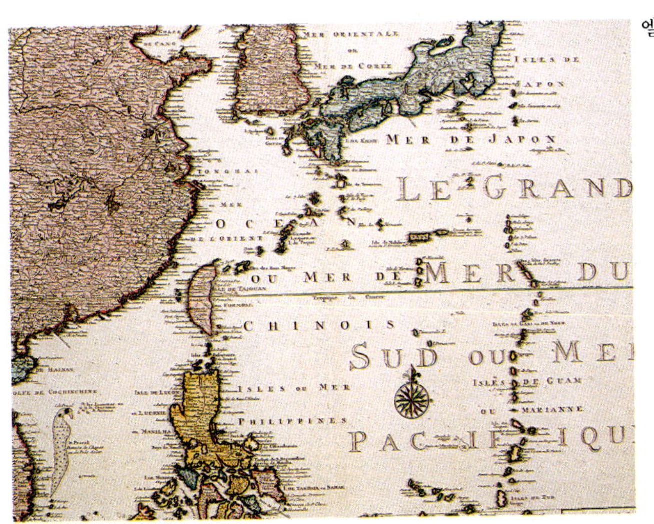

엘위의 중국, 일본, 필리핀 지도 암스테르담의 지도 제작자인 엘위가 1792년에 만든 지도로 바다와 섬들의 이름을 있는 대로 모두 표기했다. 태평양이나 동해의 이름도 동해와 한국해 두 가지로 표기하고 있고 제주도도 Kitchou와 Fongma라고 나타내고 있다.

그리고 경, 위도 표시법과 투영법 등이 고찰의 대상이 된 그러한 연구는 어느 한 지역이나 나라에 국한하여 연구할 수 있다.

고지도에 대한 연구는 일반 지도와는 다른 관점에서 연구되어야 할 것 같다. 고지도는 실제의 지리와는 달리 상당한 오류를 보여 주고 있는데 이러한 오류는 그것이 당시 그 지역 국가에 대해서 그 자체가 중요한 의미를 가지고 있다.

예컨대 한반도가 섬으로 표시된 고지도들은 지도를 제작한 사람들과 그들이 속한 사회가 한국에 대해 지녔던 지식의 정도를 보여 주고 있으며 또 아울러 그들이 입수한 정보가 부정확하였음을 보여 주고 있다. 물론 연대적인 고찰에서 한반도 윤곽의 변형이 한국에 대한 지식의 향상과 반드시 비례하는 것은 아니지만 그것이 한국에 대한 관심의 증가와 어느 정도 일치하고 또 한국과의 관계 또는 한국에 대한 정보의 정확도를 보여 주고 있다는 점에서 지도학은 역사적인 연구와 불가분의 관계에 있다.

대식국 상인들이 고려시대부터 우리나라에 정기적으로 찾아와 교역을 할 정도로 왕래가 있었는데 어째서 대식국 상선들을 쫓아내고 동남 아시아의 상권(商權)을 쥐었던 포르투갈이나 네덜란드의 상선들은 우리나라에 오지 않으면서 제주도를 '도적섬(Ilas des Ladrones)'이라고 기록하였는지 또 어째서 아랍계의 대표적 지리학자 알 이드리시는 신라를 여섯 개의 섬으로 구성되었다고 하였는지 의문스럽다. 이러한 문제들은 모두 지도학과 역사의 관계를 이어 놓는 문제들이다.

한국에 대한 고지도는 한국에서 제작된 것과 외국에서 제작된 것으로 나눌 수 있다. 한국에서 제작된 것은 우리가 만든 우리 자신의 표상이겠고 외국에서 제작된 고지도는 국외에서 우리를 조명한 조감도인데 그에 대한 연구는 국사의 종합적인 조명에 필요하다.

고지도의 연구가 지도학 자체에 그친다든가 역사적인 면에서

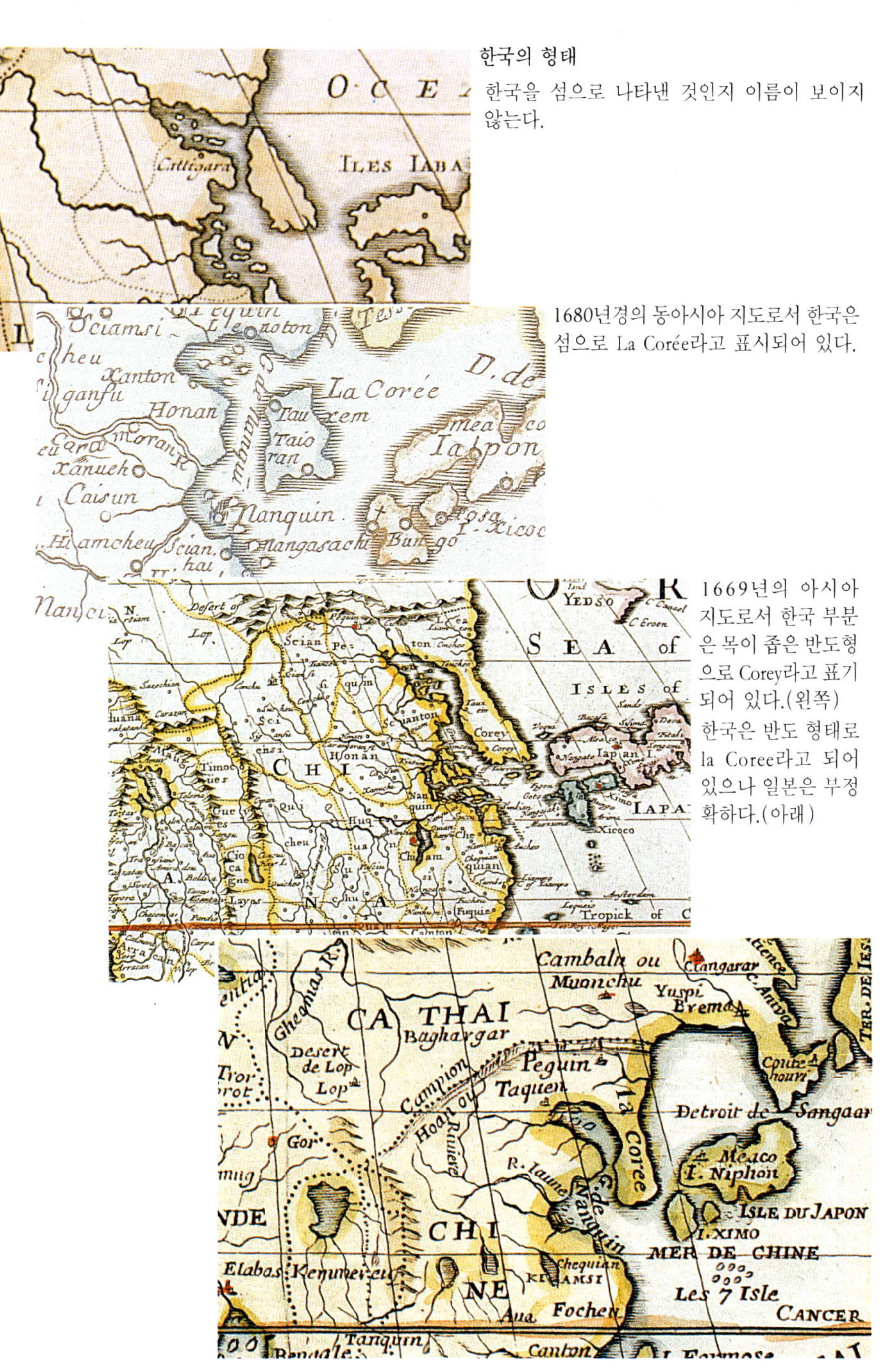

한국의 형태
한국을 섬으로 나타낸 것인지 이름이 보이지 않는다.

1680년경의 동아시아 지도로서 한국은 섬으로 La Corée라고 표시되어 있다.

1669년의 아시아 지도로서 한국 부분은 목이 좁은 반도형으로 Corey라고 표기되어 있다.(왼쪽) 한국은 반도 형태로 la Coree라고 되어 있으나 일본은 부정확하다.(아래)

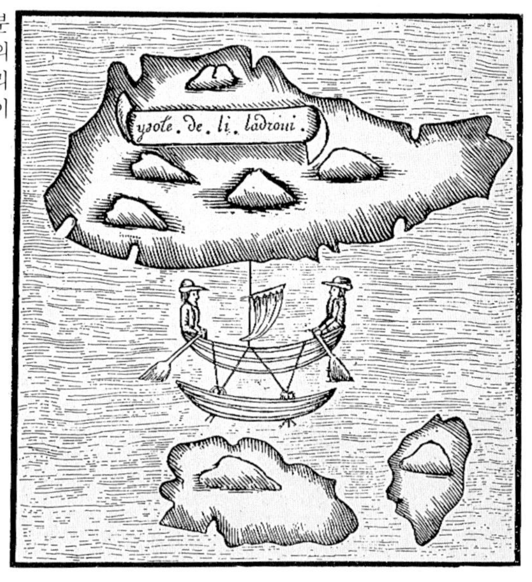

도적섬　헤레라의 세계 지도의 한 부분으로 이 섬이 꼭 제주도나 남해안의 어느 섬을 가리키는 것은 아니며 우리나라와는 관계없다고 보아야 할 것이다.

과거에만 관계된다면 그 의의는 한정적일 수밖에 없다. 곧 현재의 지정학적인 상황에 조명을 주면서 아울러 어느 특정 문제, 예컨대 영토 문제를 둘러싼 어떤 분쟁에 어떤 답변을 해줄 수 있으면 그 가치가 한층 높다. 답변이 곧 해결을 의미하지는 않는다. 왜냐하면 지도 자체가 법적인 구속력을 가지고 있지는 않기 때문이다. 그러나 분명 지도는 설득력을 가지고 있다. 더구나 우리와 같은 약소 국가의 경우 옛 강토를 돌려 받을 수는 없다 하더라도 역사적인 가치와 권위가 국제적으로 인정받는 고지도는 일본과의 쟁점이 되고 있는 독도 문제뿐만 아니라 간도 문제의 역사적 이해와 인식에 있어서도 없어서는 안 될 자료이다.

　이렇듯 고지도에 대한 연구는 지도학적인 의의는 물론, 역사적 의의 그리고 현대의 정치, 지리적 상황과의 관계 등 세 가지 면에서 연구의 대상이 되고 있다.

여기에서는 지도 제작의 기술적인 문제를 제외한 다른 문제들을 다루고자 하는데 특히 서구 지도에 나타난 한국의 형태와 '한국'이라는 이름의 변천 그리고 영토 문제에 그 중점을 두고자 한다. 자료에 있어서 유럽에서 출판된 고지도와 지도학 관계 참고 서적을 주로 참고하였음을 밝힌다.

일본 쪽의 자료는 직접 참고하지 못하고 우리가 참고한 국내 지도학 관계 논문, 저서를 통하여 간접으로 참고하였다. 사실상 일본의 지도학 수준은 가히 구미(歐美)에 비하여 조금도 손색이 없는 높은 수준임을 짐작케 한다.

일본은 중국 계통의 한문화권 특유의 지리학적 방법과 아울러 네덜란드의 학문 곧 난학(蘭學)을 합하여 독자적인 지리학, 지도학의 전통을 확립하였다. 그러나 한국과 일본과의 이해 관계가 얽혀 있는 경우 일본 자료에서는 우리에게 필요한 객관적 사항을 찾기란 쉽지 않을 것 같다. 여하튼 그러한 이유로 우리는 일본 자료를 직접 대하지 못하고 영(英), 불(佛), 독(獨), 화(和) 등에서 출판된 자료에 의거하였고 고지도는 직접 수집한 것과 외국의 좋은 도서관에 소장되어 있는 희귀 지도들을 이용하였다.

한국 관계 외국 고지도에 대한 연구에 있어서 선행하여야 할 사항은 시대 구분의 문제이다. 그런데 문제는 한국 관계 고지도에 있어서 다른 국가나 지역에 대한 고지도의 시대 구분을 따를 수 없다는 점이다. 그래서 우선 3기로 구분했는데 제1기는 중세기에서 16세기 중반, 제2기는 16세기 말에서 17세기 말, 제3기는 18세기 초에서 19세기 초까지이다. 19세기 중반부터는 고지도의 범위에서 제외시켰다.

제1기의 지도에서는 한국이 정식으로 거론되지 않으면서도 나름대로의 문제를 제기하고 있다. 제2기에서는 대항해기 이후 한국을 실제 탐사하지 못한 상태에서 한국의 이름과 형태가 부정확하게나마 지도상에 나타나고 있는 시기이고, 제3기는 한국의 고지도를 참고로 하면서 실제 실측한 지도들이 나타나는 시기이다.

시대 구분의 이름은 일반적인 시대 구분의 통념과 일치하는 것은 아니지만 편의상 제1기를 중세, 제2기를 대항해 시대, 제3기를 계몽주의 시대로 명명하여 고찰하였다.

중세에 비친 한국

옛날 동양 문명과 서양 문명을 대표하던 중국이나 로마 제국은 자기 나라가 세계의 중심이고 그 나머지 국가들은 설사 어떤 독자적인 문화를 가졌다고 해도 하나의 주변 국가라고 보았다. 오늘날도 나라마다 자기 나라가 세계의 중심이라고 생각하는 경향이 있어서 자기 나라를 세계 지도의 한복판에 그리게 된다. 우리나라에서 만든 지도에서도 우리나라가 세계의 중심에 위치하고 있다. 물론 한 나라의 크기가 그 나라의 세력이나 위치를 정하는 것이 아니며 우리나라처럼 작은 나라도 정신적으로 또는 어떤 특정한 분야에서 세계적으로 충분히 중심이 될 수 있다. 그러나 외국에서 한국을 어떻게 보았느냐, 한국이 서양 지도에 어떻게 나타났느냐 하는 문제는 그와는 전혀 다른 성질의 것이다.

서구에서 흔히 우리를 부르는 '극동(極東)의 은둔자의 나라'라는 별호를 음미해 보면 서구에서 보는 우리의 위치를 잘 이해할 수 있다. 곧 극동이란 서구 제국에서부터 가장 멀리 떨어졌다는 공간적인 의미를 부여하고 있고, 은둔자의 나라라는 것은 시간적으로 서양 세계가 가장 늦게 알게 된 나라임을 의미한다.

한국이 서구 세계에 최초로 알려진 것은 피아노 카르피니(Piano Carpini)에 이어 역사상 두번째로 동양을 찾아왔던 루브룩 수도사에

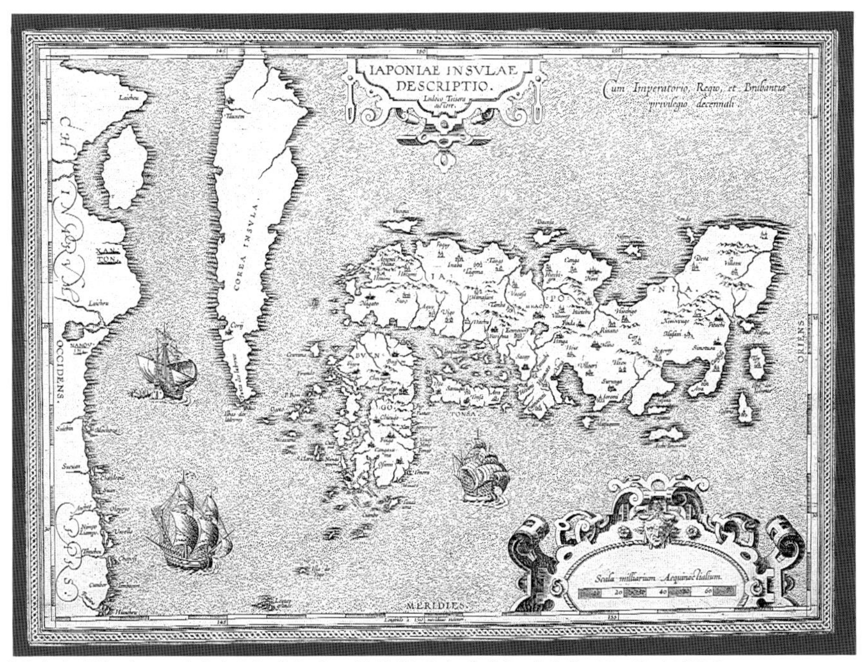

테쎄라의 일본 전도   아랍인들을 축출하고 동양 무역의 패권을 장악한 포르투갈인들은 한국을 아랍인들의 지도에 나오는 Cory에다 포르투갈어의 명사 어미 a를 덧붙여 Cory 또는 Coria라고 표기하였다.

의해서이다. 교황 이노센트의 명을 받고 원나라 수도에 온 루브룩은 한국의 존재를 처음으로 서구에 전하였다. 세번째로 동방을 찾은 사람이 바로 마르코폴로이다. 그들 세 사람은 직접 지도를 만들지는 않았으나 자세한 여정을 그린 여행기들을 남겼고 특히 마르코폴로의 여행기는 동양 제국에 관한 지도 제작에 귀중한 자료를 제공하였다.

마르코폴로의「동방견문록」에서는 우리나라가 대식국 상인들과 고려시대에 무역을 한 것으로 나온다. 또 '처용가(處容歌)'에 나오는 처용이 회회인 곧 아라비아인임을 주장한 사실을 바탕으로 한국과 아랍 세계와의 관계를 상기하게 되지만 사실상 마르코폴로의「동방견문록」에는 한국이라고 추정되는 'Kaoli' 곧 고려라는 나라에 대한 언급은 단 한 번 있었을 뿐이다. 그러나 그보다 먼저 처음으로 한국이 외국 지도와 지리서에 알려진 것은 신라에 의해서이다.

아랍 문헌에 나타난 한국에 대한 언급을 정리한 김정위 교수의 논문 '중세 이슬람 문헌에 비친 한국상'(국제경제연구원 간, 1977년)에 의하면 중세의 이슬람 문헌에 나타나는 한국에 관한 언급은 현재 모두 17가지로 밝혀졌는데 그 내용은 대체적으로 비슷하며 종합하여 보면 다음과 같다.

첫째, 신라는 중국의 동쪽에 위치하고 있는 나라로 둘째, 자연 경관이 아름답고, 물좋고 공기가 맑아 그곳에 간 사람들은 정착하여 살기를 원하고 셋째, 그곳에서는 금(金)이 많이 생산되어 일상 생활에서도 금이 사용되며 넷째, 인종적으로 노아의 손자 아무르(Amur)의 후손이라고 하는 주장이 있으며 다섯째, 지형은 여섯 개 정도의 섬으로 구성되었고 중국해(bahr al-sin)는 신라국에서 끝난다고 되어 있다.

신라 왕조가 935년에 끝나는데도 그 뒤에까지 대부분의 저자들이 국명을 신라로 기록하는 것은 그들 저자들이 직접 신라를 여행한 것이 아니라 선배들의 저서들을 종합하여 기록하였다고 추측할 수 있다. 그런데 한 가지 문제는 모두가 신라를 섬이라고 했다는 사실이다. 현재로서는 이 점을 깊이 파고 들어간 마땅한 자료가 없다. 전기(前記)한 저서들이 어떤 문헌을 참조하였는지도 알 수 없다. 또 우리나라의 문헌에도 그들과의 교역이나 교류에 대한 언급이 신라시대에는 뚜렷하게 나타나지 않고 있다. 그러나 신라가 여러

개의 섬으로 이루어졌다고 한 것은 그 뒤에 한반도를 섬으로 그린
것과는 전혀 다른 문제를 제시하고 있다. 첫째는 왕실과 직접적인
교류가 있었더라면 공식적인 기록을 남겼을 터인데 그렇지 않다는
점, 둘째는 교류가 육지를 통하지 않고 해상을 통하여 이루어졌다는
점, 셋째는 교류가 어느 특정 섬에서만 이루어짐으로써 신라가 섬이
라는 단정을 낳았을 가능성이 높다는 점 등이다.

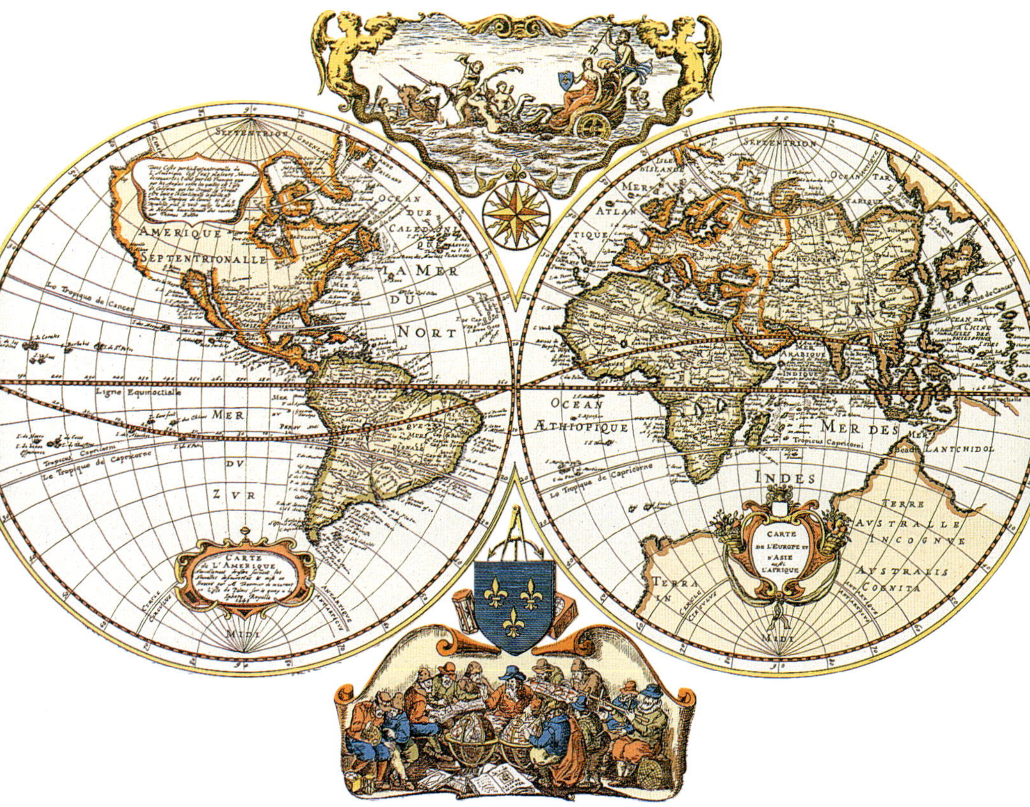

블라우의 신 지구 전도 네덜란드의 대표적인 지도 제작자인 블라우는 항상 새로운
　지리적 발견을 지도로 옮겨 놓은 지도학자이다. 이 지도에서는 한국을 섬으로 표시했
　다.

　역사적으로 볼 때 9세기는 청해진을 중심으로 한 신라의 해상 활동이 활발하던 시기로서 청해진을 관장하던 장보고는 민병(民兵) 양성에 의하여 신라 백성을 노예로 파는 당(唐)과 일본의 해적을 제압하였을 뿐 아니라 민간 무역을 진흥시켜 경제적으로 국가에 기여하였고 또 경제력에 비례하는 정치적 영향력을 행사하던 큰 인물이다.

　아랍 문헌에 나오는 신라에 대한 기술(記述)은 장보고 시대 청해진의 현실과 여러 가지 일치를 보이고 있다. 인정(人情)이나 기후 또 자연에 대한 묘사가 그 당시의 현실에 부합한다는 것은 쉽사리 납득할 수 있으며 그 밖에도 금의 생산과 일상 생활에서까지 금을 사용하였다는 언급은 당시 상류층의 사치 풍토와 특히 불사(佛事)에서 금으로 만든 집기 사용이 너무 도가 지나쳐 애장왕 7년에 "금은 제품의 사용을 금하였다"라는 기록에 비추어 보아도 역사적인 사실과 일치한다.

　청해진의 전성기에 중앙 집권 제도의 약화와 함께 외국과의 상업이 번창하였던 당대(唐代)에 중국 남해안에 페르샤인들과 아랍인들이 상주하면서 중국과 일본은 물론 신라와도 교역하였고, 청해진은 삼각 무역의 중추적 역할을 하였으며 장보고가 사실상으로 '상인군주(商人君主)' 역할을 하였다는 라이샤워의 지적은 아랍 문헌의 기록과 일치하고 있다.

　청해진이 오늘날의 완도에 해당한다는 점은 역사적으로 뚜렷한 사실이다. 그러나 어째서 청해진 지역의 섬들이 신라의 전부라고 할 정도가 되었는가 하는 것이 의문으로 남는다. 단지 아랍어와 당시의 한국어 사이의 의사 소통이 자유롭지 않았을 것이라는 추측 말고도 장보고의 개인적인 활약과 지역 주민들의 적극적인 협력, 또한 지리적인 위치 등이 중요한 요인으로 작용하였을 것이다.

　신라가 망하고 나서는 청해진이 완전히 쇠망하면서 중계 무역의 중심지로서의 위치를 잃었으나 전성기의 청해진이 흥성하게 된 것은 중국, 등주, 명주에서 흑산도, 남해안을 거쳐 일본 구주 지방으로 이어지는 무역 항로의 중심지였고 장보고 시대 이후에는 중국과 일본 사이의 교역이 직접 이루어진 반면에 아랍 상인까지 포함한 중국, 한국의 무역 거점이 고려시대에는 보다 북쪽인 예성강 쪽으로 올라갔기 때문이라 생각된다.

고려시대에도 이른바 대식국 상인들의 상선이 정기적으로 찾아왔으나 그들의 내왕에도 불구하고 우리나라 정치, 지리의 새로운 변화를 아랍 세계에 정확하게 전달하지 않은 것 같다. 고려시대(935∼1392년)에 씌어진 아랍 문헌에도 한국이 신라로 나오고 단 한 번 라쉬드 알딘(Rashid al-Din；1247∼1318년)이 'Kaoli(고려)' 일명 'Kankauli(고구려)'라는 나라에 대해 원왕조(元王朝)의 관계를 설명할 뿐이고 그나마 지도상의 문제에 대해서는 정확한 언급이 없다.

이에 대한 이유를 생각해 보면 첫째는 신라가 망한 뒤에도 아랍 쪽 문헌은 앞서의 문헌들을 반복하는데 그쳤고, 둘째는 간혹 라쉬드 알딘처럼 고려에 대해 알고 있는 사람들도 신라와 고려가 같은 나라라는 것을 입증할 만한 한국의 언어, 역사에 대한 지식을 갖지 못하였고, 셋째는 아랍인들 자신도 15세기 말부터는 새로운 해양 세력으로 등장한 포르투갈에 밀려 동남 아시아로부터 물러남으로써 한국과는 더욱 멀어지게 되었기 때문이다.

대항해 시대와 한국 지도

1488년 디아즈(Diaz)의 희망봉 발견과 함께 바스코다가마가 1498년 인도에 도착한 것은 우연한 일이 아니었다. 이탈리아를 밀치고 지중해의 패전과 함께 상권을 잡을 수 있는 가능성을 갖지 못한 소국(小國) 포르투갈에게 남은 유일한 길은 지중해를 통하지 않고 직접 동양 제국으로 통하는 항로를 발견하는 길뿐이었다. 그리하여 항해왕 엔리케가 즉위한 뒤 당시로서는 가능한 조선 기술을 동원하여 갑판이 넷이나 있는 대범선을 개발하여 최신형 대포로 무장하고 동남 아시아를 향하여 전진하였다.

포르투갈의 목표는 그때까지 아랍 상인들이 독점하던 후추 등의 향신료를 동남아 제국에서 직접 수입하는 데 있었다. 따라서 아랍 상인들과의 충돌이 불가피하게 되었으나 무력과 기동력에서의 우세로 그들은 유럽의 대(對) 아시아 무역을 대행하여 막대한 이익을 올리던 아랍 상인과 상선들을 제압하였다. 그리하여 인구 10만의 조그만 국가가 1억 인구의 중국과 2천 만 인구의 일본과 무역 그리고 막대한 수익이 보장된 향신료 무역을 독점할 수 있게 되었다.

포르투갈이 한국과도 교역을 하였다면 한국은 경제, 문화, 종교적인 면에서 커다란 변화를 가졌겠지만 역설적으로 포루투갈의 동남 아시아 진출과 함께 한국은 중국, 일본 이외의 세계 곧 아랍 상인들을 통하여 접하던 외부 세계와의 교섭마저 끊기게 되었다.

서양 세력으로서 처음으로 동남 아시아에 온 포르투갈은 선박 항해의 길잡이 역할을 하는 데 필요한 항해도 '포르튜라노(Portu-lano)'를 만들었다. 그 항해도들은 대부분 판각에 의하지 않고 손으로 그린 것들이고 또 상업용으로 출판하지 않았을 뿐만 아니라 항해도가 다른 나라에 넘겨질 경우 해상 우위가 흔들릴 우려가 많다고 판단하여 그것을 비밀로 취급하였다. 따라서 현존하는 '포르튜라노'에 대한 본격적인 조사가 필요하면서도 지도상의 제약 때문에 그에 대한 연구가 부진할 수밖에 없다.

한 가지 확실한 것은 포르투갈이 한국에 대해 별로 큰 관심이 없었다는 점과 별다른 접촉의 흔적이 없다는 점이다. 그 이유를 추정해 본다면 다음 몇 가지로 생각해 볼 수 있다.

첫째, 포르투갈의 중요 관심사가 향신료의 무역에 있었기 때문에 그들의 목적지는 몰루카(Molucca) 군도라고 불리던 일명 '향신성(Spice Islands)'이었기 때문에 그곳으로 가는 길목에 위치하지 않은 한국에 특별한 관심이 없었다.

둘째, 포르투갈의 무역이나 해외 식민지 획득에는 교황청의 승인이 필요하였는데 남미를 정복한 스페인이 동남 아시아를 자기들 판도에 넣으려고 하였기 때문에 그러한 기도를 물리치기 위하여 언제나 선교사들을 동반하였으므로 인구면에서 일본의 4분의 1, 중국의 20분의 1에도 미치지 못하던 한국은 커다란 관심을 끌지 못하였다.

셋째, 한국과의 직접 교역 방법을 모를 뿐만 아니라 당시 한국 사회의 폐쇄성과 함께 한국의 외국 무역을 대마도가 대행하던 시기였기 때문에 무역면에서도 커다란 비중을 차지하지 않았으므로 한국과의 직접적인 관계를 꼭 추구해야 한다고 생각하지 않았던 것 같다. 그런데 한 가지 문제는 포르투갈 해도 및 지도의 영향을 받은 지도에 한국 내지 오늘날의 제주도에 해당하는 섬을 그려넣고 '도적섬(Ilas dos Ladrones)'이라는 이름을 붙였다는 점이다. 그러한 표기는 16세기 말에서 17세기 초에 이르기까지 당시의 대표적인 지도에 속하는 지도에서 찾아볼 수 있다. 그러나 유감스럽게도 그 이유를 밝힐 자료를 찾아볼 수 없기 때문에 정확한 이유를 아직 알 수 없다. 다행히 17세기 후반에 들어서면서 대부분의 지도에서 제주도는 'Fongma'로 표기되었다가 뒤에 'Quelpaert'라는 이름으로 바뀌는데 그러한 이름의 유래에 대해서는 아직 확실하게 밝히지 못하고 있다. 그러나 '도적섬'이라는 표기에 대해서는 몇 가지 가설을 세워볼 수 있다.

첫째로 제주도는 중국에서 일본으로 가는 길목에 있기 때문에 일본으로 향하던 포르투갈의 배들이 몇 차례 근처 해적들의 공격을

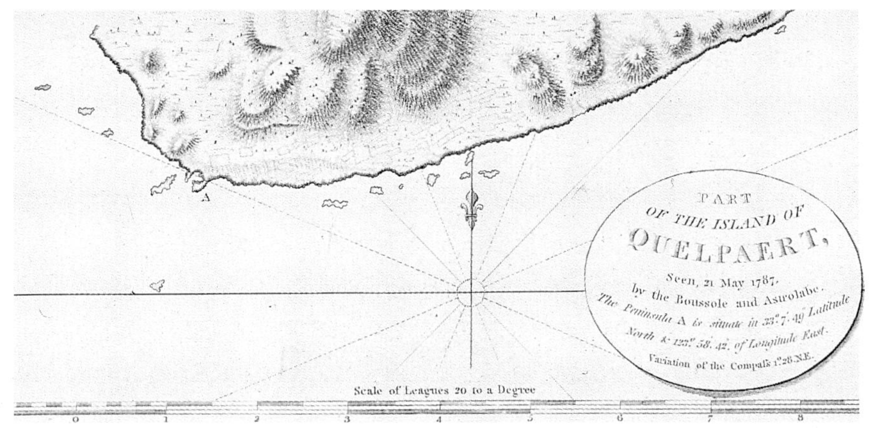

제주도 라 페루즈가 항해하면서 묘사한 제주도의 윤곽으로 Quelpaert라고 표기되어 있다.

받았을 가능성이 높고, 둘째로 그 해적들의 무력이 상당하고 또 조직화되어 있었다는 것을 쉽사리 짐작할 수 있는데 이 경우 당시 한국의 형편으로 보아 그러한 조직적인 해적이 제주도나 남해안에 있었을 가능성은 희박하다. 셋째로 도적섬이 꼭 제주도나 남해안의 어느 섬이라고 할 수는 없고 오히려 대마도일 가능성이 많은데 한국 남쪽에 있는 섬으로 도적섬 하나만 표시되어 있기 때문에 그것이 어느 섬을 가리키는지 명확하지가 않다. 넷째로 「고려사」를 보면 대략 1350년대부터 우리나라의 남해안과 서해안은 왜구에 의하여 계속 심한 노략질을 당해 왔다. 그리하여 고려 말에는 그러한 왜구를 격파하는 데 큰 힘을 기울여야 했으며 새로 건국된 명나라도 왜구의 참략에 시달리다 못해 해안 봉쇄령을 내려 주민들이 해안에 흩어져 살지 못하도록 했음을 보아도 도적섬이라는 이름은 당시의 한국과 관계가 없다고 보아야 할 것 같다. 특히 포르투갈 상선이 1543년 일본에 철포(鐵砲)를 전한 이래로 중앙 정부가 쇠약할 때마다 일본 해적이 해외에까지 진출한 사실을 상기한다면 그러한 이름이 일본 해적 집단 때문에 생겨났을 가능성이 높다고 할 수 있다. 더구나 당시의 한국 실정으로 보아 강력한 무력 집단이 해상에서 활동한다는 것은 거의 불가능한 일이었다.

해양 국가로서 포르투갈의 위치는 1580년 엔리케왕이 죽은 뒤 스페인왕이 그 왕위를 계승하여 포르투갈이 스페인의 식민지가 되면서 흔들리기 시작하였다. 그리하여 1580년부터 1640년에 이르는 기간에 포트투갈은 독자적인 활동을 할 수 없었고, 또 스페인의 식민지에서 벗어난 뒤에는 이미 네덜란드, 영국, 프랑스 등이 동양 무역에 뛰어든 다음이기 때문에 이전의 영광을 다시 찾을 수 없었다. 그러나 서양 국가들의 동양 진출을 실질적으로 담당한 것은 바로 포르투갈인이었고 그들 밑에서 여러 해 동안 수련을 쌓은 사람들이며 앞서 말한 바와 같이 상업적인 지도 출판을 하지 않으면서도 서구의 지도학자와 출판업자 들에게 가장 중요한 동양 제국에 관한 정보를 제공해 준 것은 포르투갈 항해가들과 일부 스페인 항해가들이었다.

한국의 이름이 처음 나타난 지도에 대해서는 지도학자들의 의견이 여러 가지이다. 홍시환 교수는 "1594년 플란치오(Plancio)의 지도에 처음으로 'Corea'라는 표기가 나타난다"(「지도의 역사」 전파 문화사, 1976년)고 하였고, 브리커(Bricker)는 "이태리 예수회 선교사 마테오리치가 1602년에 북경에서 만든 '곤여만국 전도(坤輿萬國全圖)'에 한국이 반도로 나타나기 29년 전 곧 1573년에 만든 혼디우스(Hondius)의 '세계 지도'에 이미 한국이 반도로 표시되어 있음"을 지적하고 있다.

필자의 조사로는 서구 지도상에서 한국으로 추정되는 첫번째 지도는 현재 피렌체 과학사 박물관에 소장된 로포 호멤(Lopo Homem)이 1554년에 제작한 지도이고, 한국이라는 이름이 처음으로 기록된 것은 1568년에 제작되어 현재 마드리드의 알바 가(Alba

家)에 보관된 두라도의 지도이다. 이 지도에서 한국은 'Conray'로 나타나는데 그것은 'Couray'로 표기한다는 것이 잘못되어 그렇게 된 것이라는 사실은 당시의 다른 고지도와의 비교에서 확인된다.

어느 지도에 더 일찍 한국이 나타나 있느냐 하는 문제보다 더 중요한 것은 어째서 한국이 일부 지도에서 부정확하게 나타나며, 한국의 이름이 어떠한 경로를 거쳐 이 시기에 지도상에서 확정되었느냐 하는 문제이다. 한국은 대외적인 폐쇄성과 국가적인 비중이 상대적으로 적었고 또 지리적인 위치 때문에 서양 세계에 늦게 알려졌음은 앞에서 말한 것과 같다. 그러나 서양 세계가 동양으로 진출한 뒤에도 서양 지리학이 프톨레마이오스 이래의 동양에 대한 추상적인 파악으로 만족하였고 또 한국으로부터 동북 캄차카와 베링 해협에 이르는 지역이 가장 늦게 탐사된 지역이었기 때문에 16세기 말 오르텔리우스(Ortelus)와 죠드(Jode)의 지도에서도 한국이 표시되지 않았던 것이다.

한편 실제 동양을 왕래하던 무역선들은 독자적인 지도를 작성하여 그것을 가지고 항해하였는데 '포르튜라노'를 비롯하여 손으로 그린 지도들을 가지고 있었다는 증거가 남아 있다. 예를 들면 동양과 남북미(南北美)를 합한 헤레라(Herrera)의 '서인도 제국 지도(Descripcion de las Yndias Ocidentalis)'(1601년)는 1575년에 만들어진 손으로 그린 지도를 옮겼다는 주석이 붙어 있는 지도첩인데 그 지도에는 한국에 'Cory'라는 표기가 있다. 단순한 표기상의 실수라고 하면서 지나칠 수도 있겠으나 음미해 볼 여지가 있다.

한국의 표기는 스페인, 포르투갈 쪽에서 고려를 서양 알파벳으로 옮겨 'Corea'라고 표기하였는데 프랑스는 'Corée'라고 하였고 일부에서는 'Caoli'라는 중국식 이명(異名)을 명기하고 있다. 또 어떤 경우에는 고구려를 나타내는 'Cacoli'라고 명기하고 있으며 가끔 조선의 중국어식 또는 일어식 음역인 'Tiauxen' 'Tiocen'이라는 이름도 병기

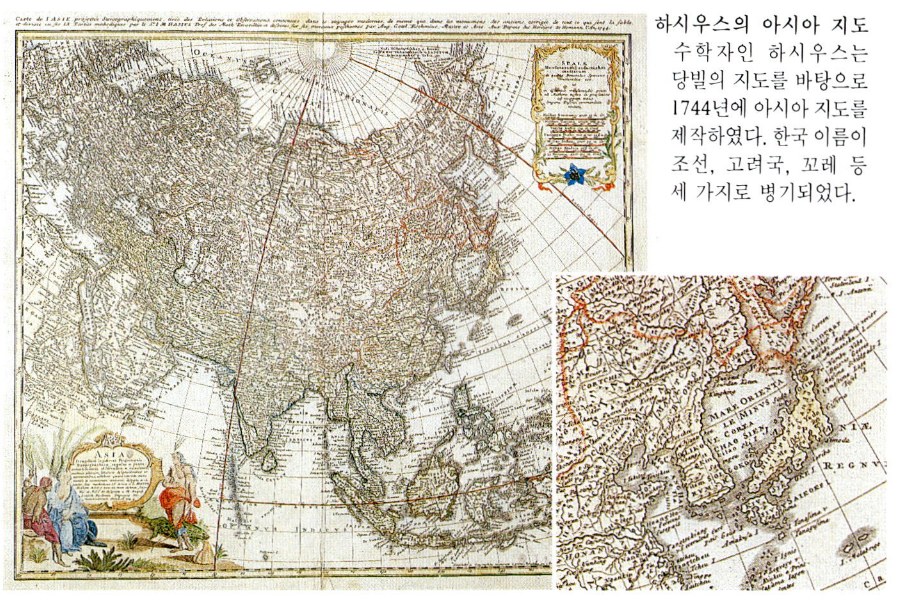

하시우스의 아시아 지도
수학자인 하시우스는
당빌의 지도를 바탕으로
1744년에 아시아 지도를
제작하였다. 한국 이름이
조선, 고려국, 꼬레 등
세 가지로 병기되었다.

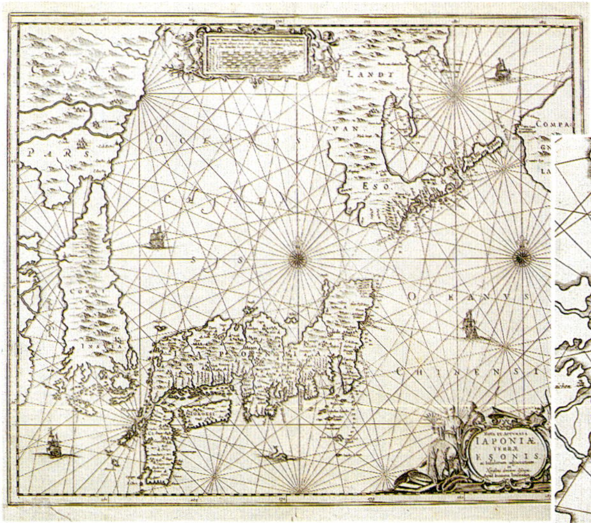

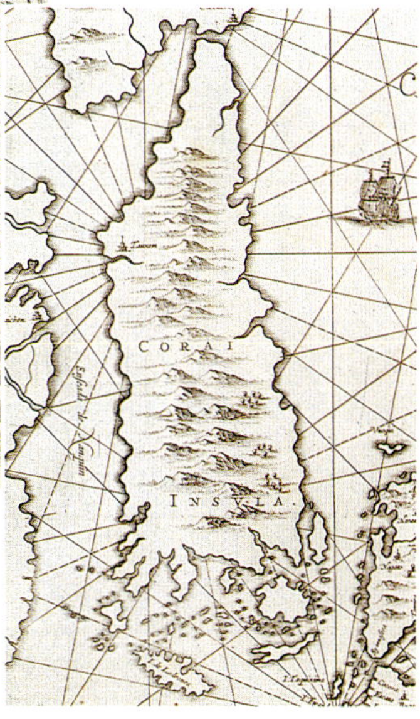

안손의 일본 지도   1667년에 작성된 해도로서 한국은 고려의
   일본식 발음인 Corai로 표시했다.

되고 있다. 그러다가 'Corea' 'Corée'로 통일된 것은 일단 혼돈을 피하기 위한 일관성이 있는 이름으로 채택되었기 때문이며, 뒤에 영어 계통에서 'Corea'의 시(C)가 케이(K)로 바뀌어 'Korea'로 된 것은 19세기 후반부터이다. 그 이유는 필자의 추측에 의하면 '케이(K)'를 나타내는 문자가 라틴어 계통에서는 시(C)이고, 영국과 독일 계통에서는 케이(K)이기 때문인 것 같다. 여하튼 확실한 것은 우리나라가 서양에 알려진 것이 고려 때라는 사실이다.

결국 한국을 표시하는 것으로 'Caoli'라고 하는 중국식 음(音)을 병기하면서도 정식 이름으로서는 'Caoli'가 아니라 'Corea' 'Corée'가 된 데에는 이유가 있다. 앞서 언급한 헤레라의 지도에서 'Cory'가 된 것은 스페인어식 표기가 아니고 아랍어식 발음을 택하였기 때문이다. 결국 아랍어식 'Cory'는 17세기 일부 지도에서도 나타나지만 오늘날의 'Korea'는 아랍식도 중국어식 발음도 아닌 일본식 발음 'Corai'에서 왔다. 그것이 일부 지도에서 'Couray' 또는 잘못 옮겨 써서 'Conray'가 되었지만 서양어로 'Corai'(William & Jan Blaeu의 1634년 지도)로 표기되고 불어로는 중모음 기피 현상에 의해 중모음 'ai'가 단모음 'e'로 변하는 음운 규칙에 의해 'Coré'가 되면서 여성형 명사로 되어 여성형 어미 'e'가 첨가되어 'Corée'가 되었다.

한편 스페인 및 이탈리아에서는 불어의 성을 따라 여성이 되면서 여성형 어미 'a'를 택하여 'Corea'가 되었고, 영어로는 불어의 'e'가 'a'로 되는 규칙을 따라서 'Corea'가 되었다고 생각된다. 표기에 대한 보다 체계적인 변천은 장차 더 포괄적인 연구가 필요하다.

이제 형태면에서 한국이 서양 지도에 나타나기 시작하는 16세기 말에서부터 한국의 모습과 매우 비슷하게 나타낸 당빌의 '조선왕국 전도(한국 전도, Royaume de Corée)'가 나오기까지 그 기간 동안에 제작된 것들을 살펴보자.

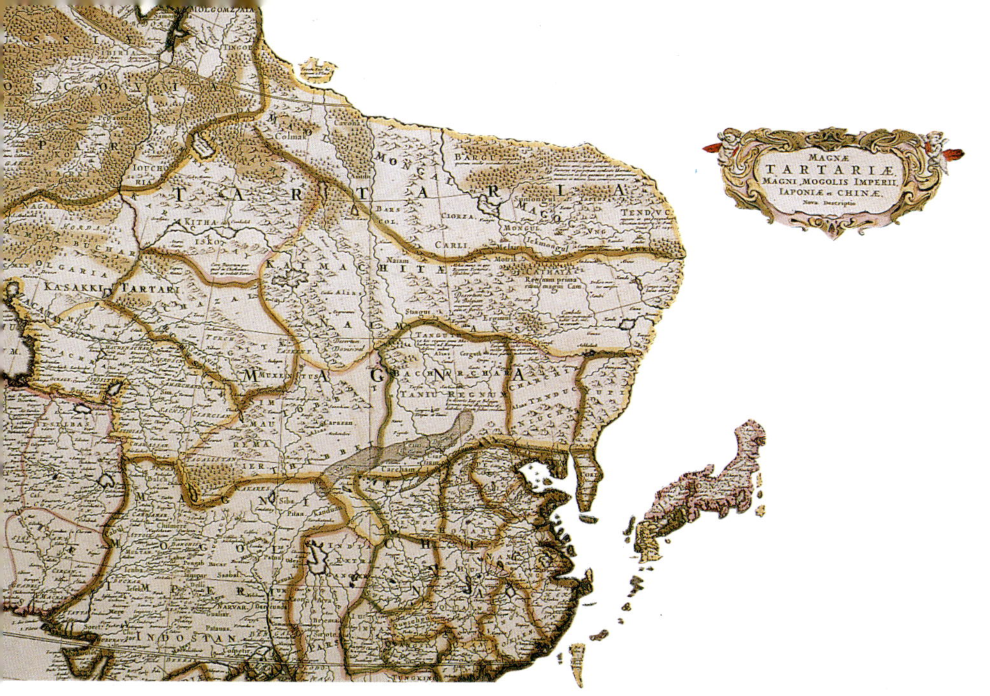

드 비트의 신 동아시아 지도　마르티니와 블라우의 중국 지도의 영향을 받아 한국이 반도로 나타났다.

　　처음에는 일부 지도를 제외하고는 대부분의 지도가 한국을 섬으로 묘사하고 있고 한 걸음 더 나아가 '섬(Insulae)'이라는 주기(註記)를 붙일 만큼 섬이라는 사실에 확신을 가지고 있었다. 초기에는 고구마처럼 길쭉한 섬으로 나타났다가 사다리꼴 비슷한 형태로, 둥근 형태의 섬으로 그려지기도 하였다. 둥근 형태의 대표적인 예로 1595년 린쇼텐의 여행 안내서 「동양수로지」에 나타난 지도를 들 수 있다. 1602년 마테오리치의 중국어판 세계 지도에 한국이 부정확하게나마 반도로 그려진 것이 서양에 전해진 뒤에 이탈리아 예수회 신부 마르티니가 1655년판 블라우의 「중국 지도첩」에 중국, 일본과 함께 길쭉한 한반도를 그려넣었고 그 뒤에는 대체적으로 반도로 그려져 있다.

거의 모든 지도들이 한국에 관한 정보를 직접 얻어 그린 것이
아니므로 당빌 이전의 지도에서 한국의 정확한 모습을 볼 수는 없
다. 한 가지 지적해야 할 사실은 한국의 형태가 부정확하게 된 이유
가 중국에서 부정확한 자료를 제공받아서 그렇게 된 경우도 있지만
원천적으로는 한국에서 만든 일부 지도가 그러한 오류를 일으킨
경우도 있다고 하는 점이다. 다시 말하면 한국에 관한 서양 지도는
대개 중국에서 제작된 지도의 참조 과정에서 오류가 빚어졌다고
보는 것이 지도학계의 통념으로 되어 있다. 노정식 교수도 "한반도
를 섬으로 나타낸 서양학자의 과오는 중촌석 씨의 견해에 따라
'고금형승 지도'(1555년)나 '황명홍지 지도'(초판 1531년, 재판
1536년) 등 동양 지도에 근거한 데 기인된 것"이라고 하였다('서양
지도에 나타난 한반도의 윤곽 변천에 관한 연구' 대구교대 논문집,
1971년). 그런데 그 문제를 역사적으로 고찰해 보면 먼저 중국의
지도 제작자들이 한국에서 만들어진 지도를 참고로 하였음은 의심
할 여지가 없으며, 또 그들의 오류도 한국에서 제작되었거나 묘사된
일부 지도를 참고하였음이 분명하다.

이찬(李燦)이 편한 「한국 고지도」에서 볼 수 있는 저자 연대 미상
의 '동국 지도'(東國地圖, 숙종 연간으로 추정)와 그 밖에 여러 지도
에서 굵게 그려진 압록강, 두만강이 백두산 근처에서 거의 맞붙은
형상은 흡사 한국을 만주 대륙 바로 밑의 섬으로 만들어 놓았다.

「동국여지승람」의 '팔도총도'(八道總圖, 1481년)에서도 한반도가
함경도와 평안도가 같은 수준에 위치해 있고 백두산을 제외하고는
두만강과 압록강이 거의 연결되어 있는 형편이다. 우리나라에서
만든 지도로 중국과 한국을 합한 '천지도(天地圖)'와 '천하도(天下
圖)'에서 우리나라를 이름만 조선(朝鮮)으로 표기하고 있고 지도가
그려져 있지 않으니 일부 서양 지도에 한반도가 빠진 것도 있을
수 있는 일이다.

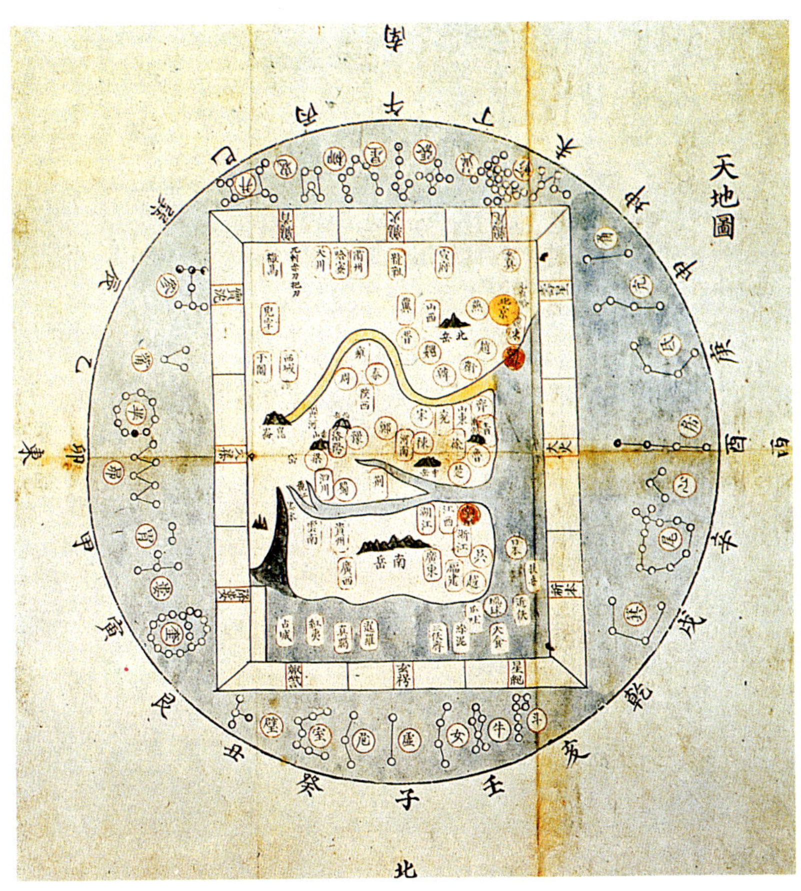

천지도 중국과 한국을 합한 우리나라에서 만든 지도로 한국은 이름만 조선으로 표기
하고 지도가 그려져 있지 않으니 일부 서양 지도에 한반도가 빠진 것도 있을 수 있는
일이라 하겠다.

당빌 이전의 지도로서 한반도의 가장 부정확한 모습을 보여 주면서 그 출저가 확실치 않으며 여러 가지 문제점을 제기해 주는 지도를 든다면 린쇼텐이 1595년에 출판한 '인도이동 지역도(印度以東地域圖)'를 들 수 있겠다. 그 지도는 「동양수로지」라는 동방 여행 안내서에 수록되었다.

린쇼텐은 단순한 출판업자가 아니라 포르투갈 상인 밑에서 10년 동안 동남 아시아 무역에 종사한 사람이다. 페어뱅크(Fairbank)와 라이샤워에 의하면 그는 5년 동안 인도의 고아(Goa)에 살면서 향료 무역과 동남아 항로에 정통하였으며, 동남아에 대한 지도 및 해도를 수집하여 랑그렌으로 하여금 판각하게 하였다. 그가 동남아시아 항료 무역의 중요성을 역설하여 네덜란드는 1601년에 가서는 당시 향료 무역을 좌우하던 포르투갈보다 3배에 달하는 65척의 무역선을 당시 향료 제도라고 부르던 몰루카 제도(현재 인도네시아 지역)에 파견하였는데 그가 지도를 제작하고 출판을 한 것은 무엇보다도 네덜란드 무역선들의 항해를 위해서였다. 그는 무역과 지도는 불가분의 관계에 있다고 생각하고 있었다.

린쇼텐이 동남아 지도를 제작하면서 한국을 둥근 섬 형태로 나타냈고 뿐만 아니라 이름도 '한국섬(Ilha de Corea)'이라고 하고 그 위에 또 'Corea'라는 섬을 그려넣었으니 그 점을 우리는 납득하기가 힘들다. 만주와 섬으로 된 한국 사이에는 위화도를 나타내는 섬인지 알 수 없는 섬 하나를 그려넣었고, 도적섬이라는 포르투갈어로 된 표시가 되어 있는가 하면 또 남쪽 연안에다 'Costa de Conray'라는 이름을 붙였다. 그 이름은 앞서 지적한 것과 마찬가지로 두라도의 표기를 그대로 옮긴 것이고 또 일본 지도의 형태는 두라도의 것을 그대로 따르고 있다. 새우 모양으로 그려진 일본 지도의 형태나 위치, 그 방향으로 보아 일본에서 얻은 자료에 의한 것인지 필자로서는 그것을 확인하기 힘들다. 추정으로는 지도화하는 데 있어서

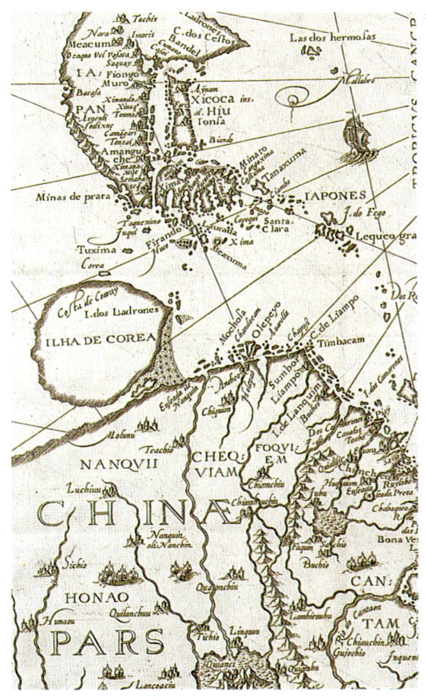

랑그렌의 동인도 지도(부분)
보통의 지도와는 달리 동쪽을
위로 하는 이 지도는 다분히
인도의 영향을 받았다. 중국의
위에 있는 둥근 섬을 Ilha
de Corea라고 표시하였다.

한국을 실제 비율보다 크게 그려 한반도 위치에 놓았고, 그 위에
보이는 조그마한 섬은 한국섬이라는 것만을 나타내기 위하여 다시
한 번 'Corea'라고 쓴 것 같다.

네덜란드는 일본과 한국 그리고 특히 동해에 상당한 관심을 가졌
었다. 그러나 하멜의 「표류기」(1668년)는 한국에서 외국인을 노예
로 삼는다는 데 대해 큰 공포심을 불어넣어 주었다. 그럼에도 불구
하고 네덜란드의 동인도 척식회사는 경제적인 면에서 한국에 대한
관심을 크게 갖게 되었고, 일본과 마찬가지로 무역 거래를 트려고
하였지만 당시 히라도(平戸)에 파견된 동인도 척식회사 일본 지사장

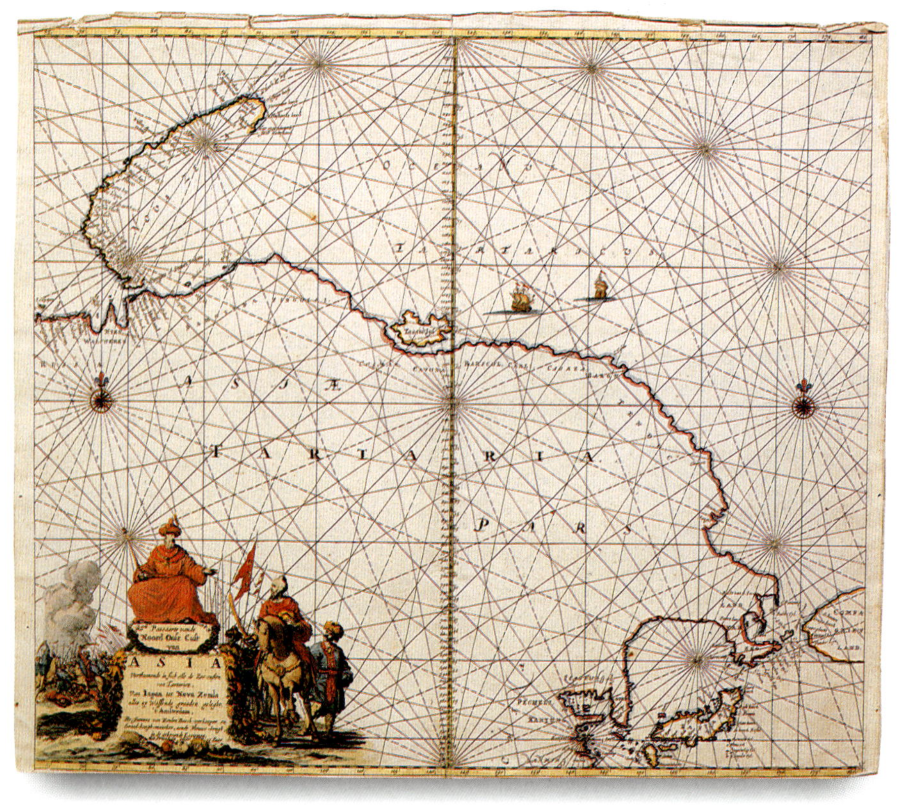

반 퀼렌의 신 세계 해도 네덜란드의 해도 제작자로 유명한 반 퀼렌은 이 해도에서 우리나라를 별로 정확하지 않은 형태로 나타냈다. 해도는 육지의 형태보다 항해 방향, 지점, 거리 등을 표시하기 위한 것이고 그 당시 네덜란드가 스페인 세력을 축출하고 동방 무역의 주도권을 잡았으므로 이 해도는 상당히 중요하다.

이 그렇게 될 경우 한국과의 무역을 대행하려고 대마도주 및 그를 후원하던 일본 군주들과 마찰이 생기지 않을까 두려워하여 본사에 부정적인 회답을 보냈다. 그러나 한편으로 네덜란드는 동해가 서구(西歐)와 직결되는 바다라고 확신하고 인도네시아 주재의 총독 드 프리스(De Vrics)를 파견하여 서양에서는 처음으로 일본 북해도 지방을 통하여 동해를 탐사하려 하였으나 동해로 통하는 통로를 찾지 못하여 탐사 작업이 실패로 끝나고 말았다. 그 작업을 성사시킨 것은 1세기 뒤인 1787년 프랑스의 라 페루즈였다.

린쇼텐의 지도가 지닌 또 하나의 특징은 동쪽을 지도의 위쪽에 위치하게 하였다는 점이다. 그것이 중세의 종교 전제 시대의 영향을 받은 것으로 보는 견해가 보편적인 것 같으나 인도에서는 태양이 뜨는 동방을 제일 상단에 두는 힌두교의 전통이 있기 때문에 인도와 린쇼텐의 관계를 생각한다면 그 점에 대해 이해가 될 것이다.

18세기 이전의 한국 관계 지도로서 어느 정도 중요성을 띠는 지도를 든다면 마르티노 마르티니(Martino Martini)가 1655년에 발간한 「중국 지도첩」 속에 들어 있는 한국과 한국 주변 국가에 대한 지도를 들 수 있을 것 같다. 마르티니는 중국에 체재한 예수회 신부로서 현지에서 입수한 자료를 검토한 뒤에 지도화하였기 때문에 당시로서는 개선된 한반도의 형태를 보여 줄 수 있었다.

블라우의 1655년 지도는 한국을 반도로 표시하였다는 사실말고도 마테오리치를 비롯한 서양 선교사들의 지도를 참고한 인상을 주면서 또 한편으로는 인도 및 인도네시아 그리고 일본에서 보내온 참고 자료를 토대로 작성된 지도라는 점에서 주목할 만하다. 특히 바타비아 주재 네덜란드 총독 드 프리스가 직접 탐험대를 이끌고 18세기 후반까지도 미지의 부분이었던 일본 북부와 동해에 대한 탐색을 벌였다. 그 탐색이 그리 성공적이지 못하였지만 그 결과를 부분적으로나마 참고로 한 지도라는 점에서 의의가 있다.

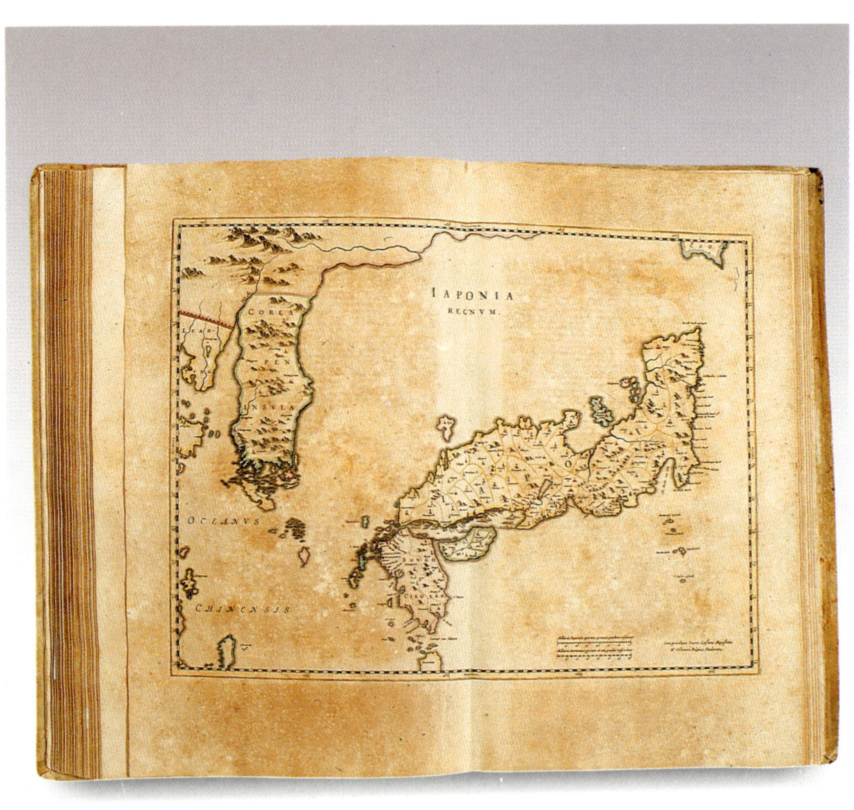

중국 지도첩 안의 일본과 한국 18세기 이전의 한국 관계 지도로서 중요성을 띠는 지도가 1655년에 발간한 마르티니의 「중국 지도첩」 안에 있는 한국과 한국 주변 국가에 대한 지도이다. (위)

쟝비에의 아시아 지도 18세기는 지도 제작에 있어 프랑스의 전성기라 할 수 있다. 프랑스의 지리학자인 쟝비에가 1760년에 만든 이 지도는 당빌의 지도를 바탕으로 했으며 제주도를 Kitchou로 표기하고 동해를 한국해로 표기했다. (옆면)

계몽주의 시대의 한국 지도

  지도 제작에 있어서 17세기가 네덜란드의 전성기라고 한다면 18세기는 프랑스의 전성기라고 하는 것이 정설이다. 18세기에 들어서 프랑스 지도학의 발달을 국력의 신장과 함께 식민지를 개척하고 무역을 진흥하려고 하는 국가 정책의 도움에도 그 이유를 찾아볼 수 있겠으나 무엇보다 계몽주의 시대를 맞이하여 프랑스 과학 전반에 걸쳐 괄목할 만한 발전을 보였다는 점을 들 수 있겠다. 그리고 지도학적으로는 단적으로 말하여 18세기 초에서 19세기 중반에 이르기까지 한국에 관한 한 당빌의 지도 이상으로 중요한 의미를 지니고 있는 지도가 없다고 단언할 수 있다.

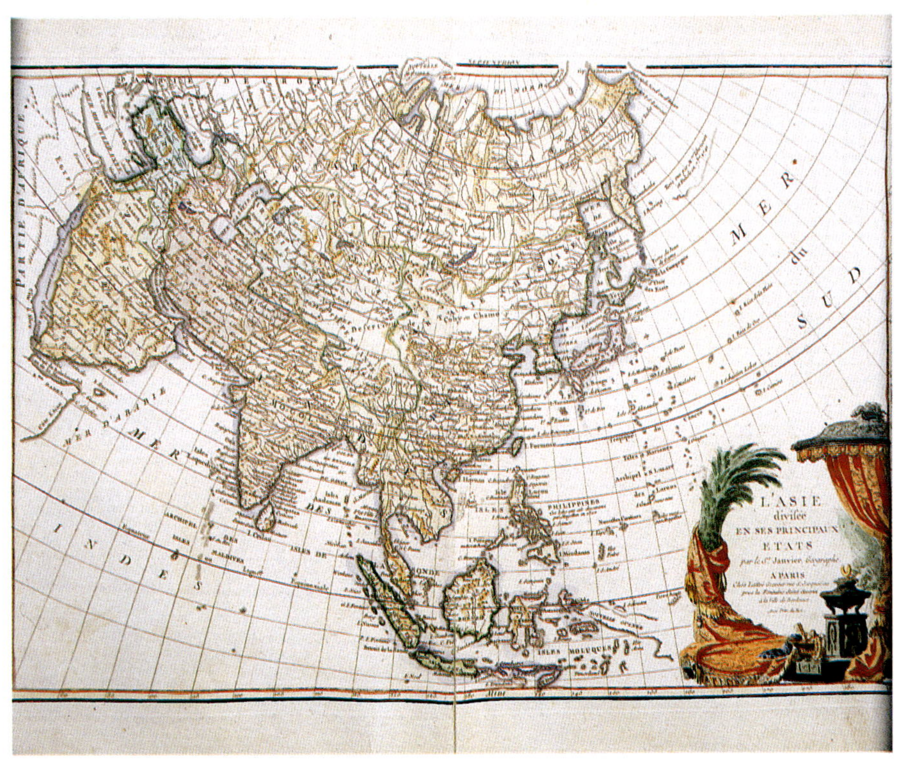

　　지리학자 겸 지도학자로서 당빌의 공로는 절대적이다. 그는 미지의 지역에 대한 지도에서 그 이전까지만 해도 자연스럽게 받아들이던 공상적인 요소, 예컨대 상상에 의한 동물, 자연의 회화적 표현들을 쓰지 않고 모르는 부분은 백지로 남겨 둠으로써 지도 제작에 있어서 새로운 바람을 일으켰다. 그의 동북 아시아에 대한 지도학적인 업적은 첫째로 상송(Sanson), 드릴(De I'Isle) 등 대표적인

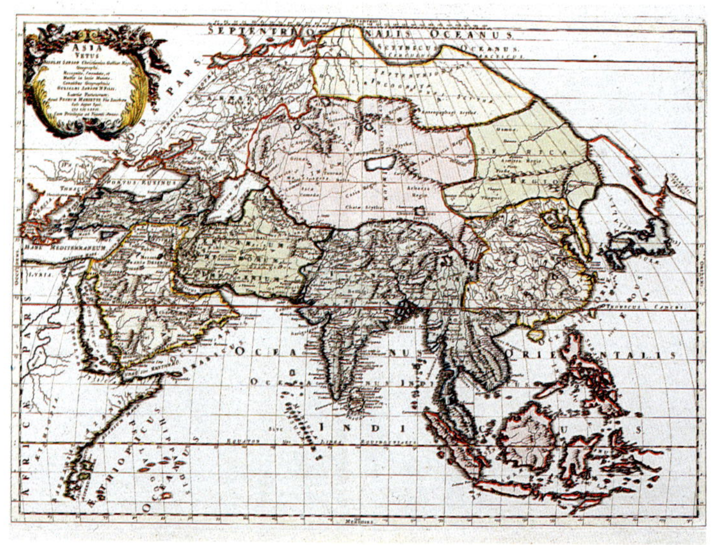

상송의 아시아 지도　1667년에 작성된 이 지도는 한국이 반도로 되었으나 이름이 없고 제주도는 Satyrorum이라는 엉뚱한 이름이 붙어 있다. (위)
상송과 쟈이오의 1674년 아시아 전도 (옆면 위)
드릴의 지구 양반구도　프랑스 지도학을 대표하는 지도학자인 드릴이 1700년에 제작한 지구 양반구도이다. (옆면 아래)

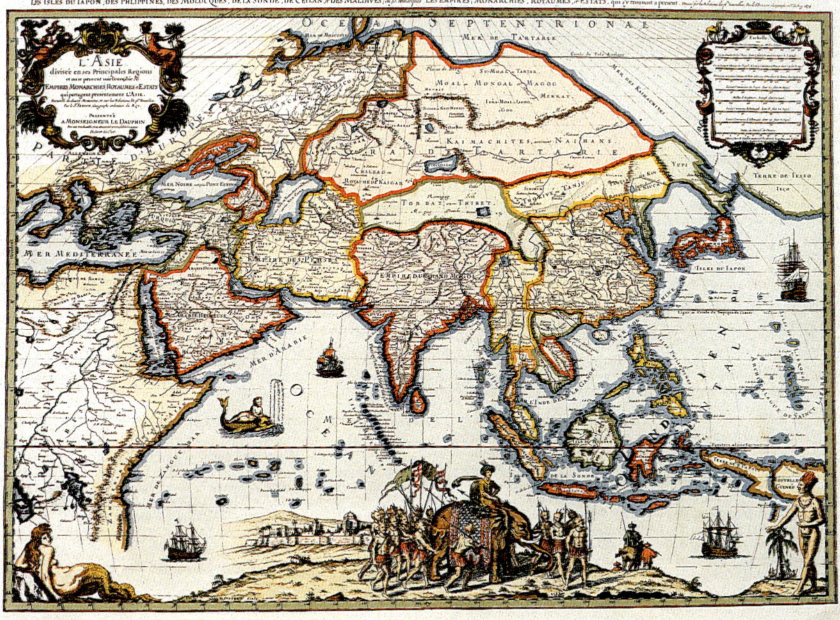

L'ASIE, DISTINGUEE EN SES PRINCIPALES PARTIES SÇAVOIR LA TURQUIE EN ASIE, L'ARABIE, LA PERSE, L'INDE, LA CHINE, LA TARTARIE,
LES ISLES DU IAPON, DES PHLIPPINES, DES MOLUCQUES, DE LA SONDE, DE CEYLAN et DES MALDIVES; en se remarqué LES EMPIRES, MONARCHIES, ROYAUMES, et ESTATS, qui se trouvent a present
L'ASIE
divisée en ses Principales Regions
OCEAN SEPTENTRIONAL
MER DE TARTARIE
MOAL MONGAL MAGOG
GRANDE TARTARIE
MER MEDITERRANEE
EMPIRE DES CHINE
EMPIRE DU GRAND MOGOL
ISLES DU IAPON
MER D'ARABIE
TERRE DE IESSO
MER DE LA SONDE
NOUVELLE GUINEE

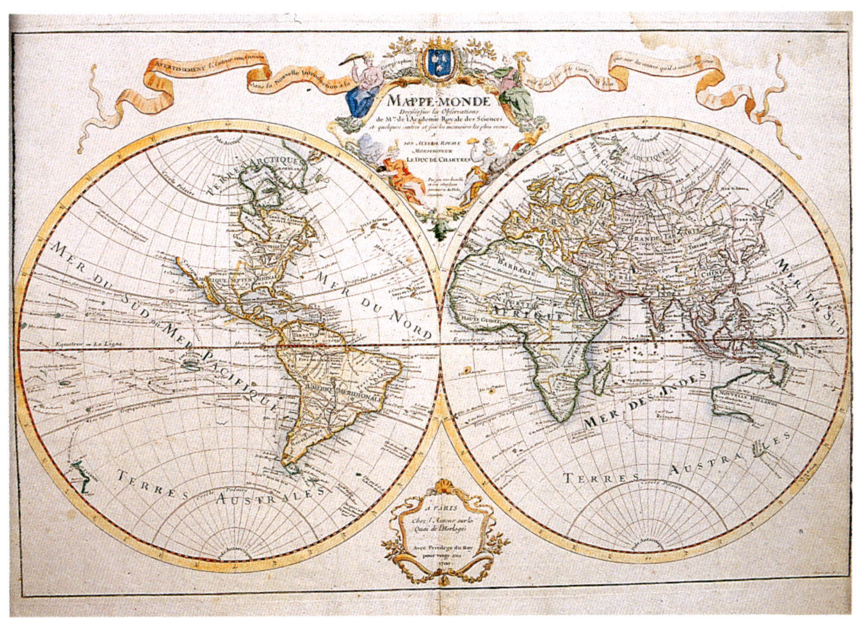

MAPPE-MONDE
Dressée sur les Observations
de Mrs de l'Academie Royale des Sciences
LE DUC DE CHARTRES
TERRE ARCTIQUE
MER DU SUD
MER DU NORD
MER PACIFIQUE
AMERIQUE SEPTENTRIONALE
AMERIQUE MERIDIONALE
TERRES AUSTRALES
TERRE ARCTIQUE
BARBARIE
AFRIQUE
HAUTE GUINEE
MER DES INDES
MER DU SUD
TERRES AUSTRALES
A PARIS
chez J. Aveuc sur le
Quai de l'Horloge
Avec Privilege du Roy
pour vingt ans

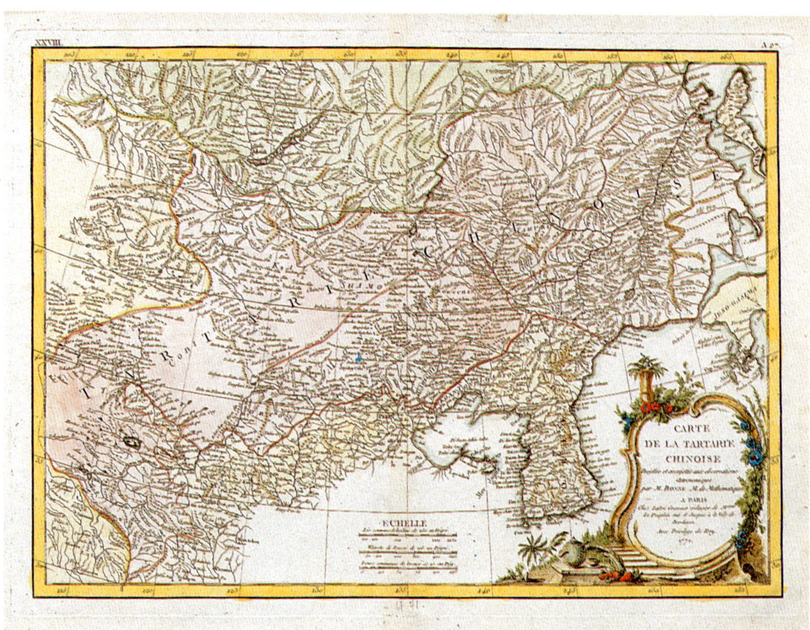

본의 만주 지도　수학자인 본은 1771년 당빌의 지도를 바탕으로 경도와 위도의 정확성
에 주력하여 이 지도를 만들었다.

지도학자들의 업적에서 찾아낸 오류들을 지도 제작에 반영시켜
지도학의 발전을 꾀하였고, 둘째는 현재에서 얻을 수 있는 자료들을
전부 수집하여 서로 비교하고 난 뒤, 비판적인 분석을 거쳐 경도,
위도의 표시와 함께 당시로서는 가장 현실에 가까운 지도를 만들었
다는 점이다. 셋째는 특히 그의 가장 두드러진 업적이라고 할 수
있는 「신 중국 지도첩(Nouvel Atlas de Chine)」은 한국과 중국의
국경 문제에 대한 중요한 참고 자료를 제공하고 있기 때문에 지도학
사상에 있어서의 공헌뿐만 아니라 반도를 중심으로 한 중국과 한국
의 국경 문제를 연구하는 데 있어서 꼭 필요한 자료를 제공하였음에
도 한국학계에서 아직 논의된 적이 없었다.

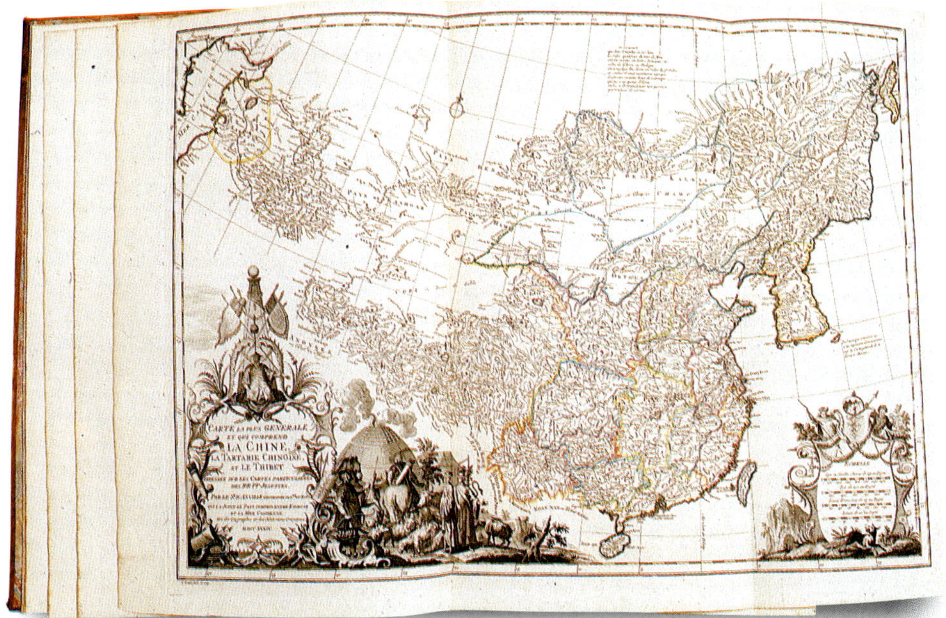

당빌의 아시아 전도 「신 중국 지도첩」 안에 있는 이 지도는 황여전람도를 바탕으로 당시 현존하던 중국을 비롯하여 아시아 제국에 관한 모든 지도와 자료들을 비판, 검토하여 비교적 정확하게 제작하였다.

당빌의 지도가 지니고 있는 가치는 무엇보다 19세기에 이르기까지 그의 지도 이상으로 정확한 지도가 없었다는 점 그리고 18세기에 구라파에서 만든 모든 지도들이 그것을 토대로 동양 지도를 제작하였다는 사실만으로도 충분히 입증될 수 있을 것이다. 한국에 관한 그 원본이 되는 지도를 찾지 못하였다는 점이 숙제로 남아 있지만 그의 지도가 가진 가장 큰 의의는 그것이 중국 강희제의 명(命)에 의한 '황여전람도'를 바탕으로 당시 현존하던 중국을 비롯한 아시아 제국에 관한 모든 지도와 참고 자료들을 비판, 검토한 끝에 지형(地形), 산세(山勢), 수계(水系) 및 경, 위도까지 가능한 한 정확하게 기입하였다는 점에서 찾아볼 수 있다.

역사적으로 볼 때 고구려, 발해 때까지 거슬러 올라가지 않아도 고려 때에 우리가 북방(北方)에 개척한 9성(九城) 가운데 공험령(公險嶺)은 백두산 동북의 간도 지방이고 청나라가 들어선 뒤 만주에서 일어난 청은 백두산의 이북을 성역(聖域)으로 간주하였기 때문에 한국과의 국경에 각별한 신경을 썼다.

강희제 때부터는 황제의 명에 의하여 백두산을 중심으로 한(韓), 청(淸)의 국경 지대에 대한 답사를 여러 차례 행하였다. 그러나 청 태종이 회맹(會盟)으로써 국토의 보전을 확약해 준 이래 이른바 대국(大國)의 체면을 지키기 위하여 청은 간광 지대(間曠地帶)의 존속을 통하여 한, 청의 국경을 유지시켰다. 그러나 17세기 이후 러시아가 동방 시베리아에 진출하기 시작하였고, 한국인의 간광 지대에서 인삼 채취를 비롯한 문제들 때문에 한, 청 사이의 충돌이 가끔 일어나서 두 나라 사이의 국경선 설정 문제가 중요한 문제로 등장하게 되었다.

한편으로는 당시 서양의 과학을 비롯하여 천문, 지리에 깊은 찬사를 아끼지 않았던 강희제는 프랑스 예수회 소속 선교사인 도미니끄 파르냉(Dominique Parrenin)의 충고에 따라 1708년에는 거대한 중국 전역에 대한 실측 사업(實測事業)을 하게 되었고 죠아쎙 부베(Joachin Bouvet)와 쟝 바티스트 레지스(Jean Baptiste Régis) 등을 비롯한 10여 명의 선교사가 현지에서 양성한 중국인들의 도움을 받아 사업을 실행하였다. 측량 방법에서는 천체 관측과 삼각 측량을 바탕으로 하였으며 우선 만주 지방과 몽고 지방을 실측한 뒤 점차 중국 내부 지역을 측량하여 1716년에 측량 작업을 마무리짓고 그것을 바탕으로 제일 먼저 이루어진 것이 1717년에 작성된 '조선도(朝鮮圖)'이며 그 다음해 1718년에는 그 유명한 '황여전람도'를 강희제에게 바쳤던 것이다.

당시 발행된 지도들은 일반인이 볼 수 없는 비장의 지도들로서

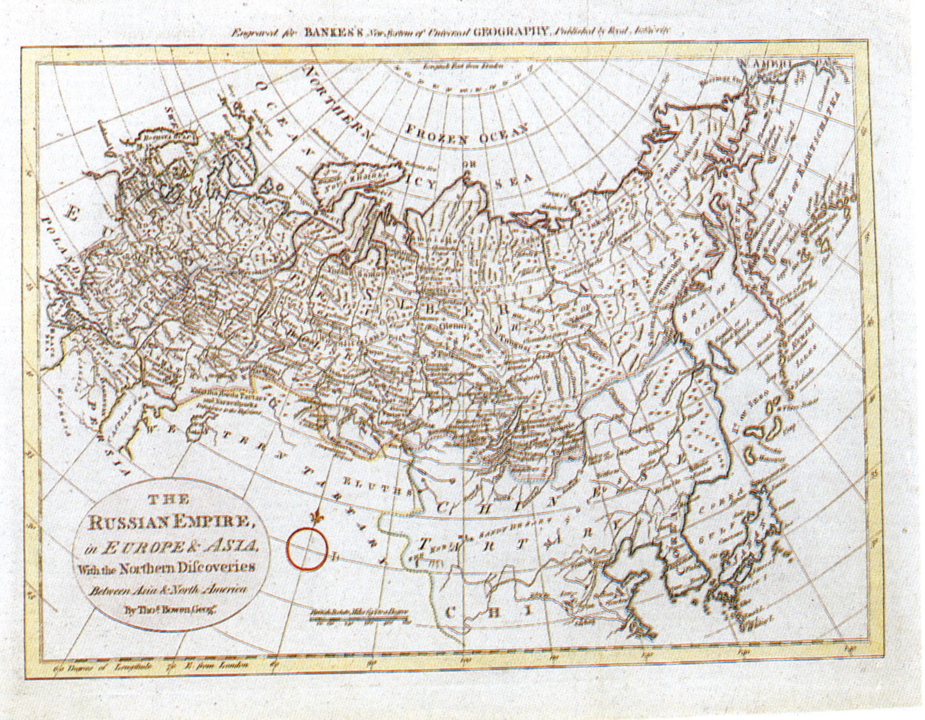

보웬의 아시아 지도　 1750년에 작성된 이 지도는 당빌의 지도를 참고하여 비교적 청나라와 우리나라의 국경 표시가 정확하게 되었다. 동해를 한국해로 표시하였고 북해도와 미국이 맞닿아 있다.

불행하게도 현재 남아 있지 않지만 다행히도 41쪽으로 된 동판도 (銅版圖)는 프랑스로 보내져서 듀 알드(Du Halde)는 그것을 참고로 「중국 제국의 지리 역사적 안내도(Descripcion géographique, historique de l'Empire de la Chine)」(1735년)를 저술하였고, 당빌은 듀 알드 저서의 지도 부분을 담당하였다. 그는 그 지도의 불합리한 요소 예컨대 중국 황제에게 아부하기 위하여 북경의 경선(經線)을 0도로 한 것 등을 수정하여 지도를 제작하여 듀 알드의 저서에 수록 한 다음, 지도만을 모아서 별도로 「신 중국, 중국령 달단 및 티벳 (Nouvel Atlas de la Chine, de la Tartarie chinoise, et de Tibet; 신 중국 지도첩)」(1737년)을 간행하였다. 여기서 특기할 사실은 그가 지도학에서 처음으로 '한국 전도'를 별지로 발간하였는데, 그 지도는 '황여전람도'를 충실하게 따른 지도로서 중국 쪽에서는 그 권위와 객관성을 인정하지 않을 수 없는 지도이고, 우리나라에게는 한국의 독립성과 중국과의 국경을 뚜렷하게 보여 주는 귀중한 자료이다.

듀 알드가 「중국 제국의 지리 역사 안내도」에서 "봉황성(鳳凰城) 의 동방(東方)에는 조선국의 서부 국경이 있다. 만주는 명나라를 침공함에 앞서 조선과 싸워 이를 정복하였는데 그때에 장책(長柵) 과 조선과의 국경 사이에 무인(無人)의 지대를 설정할 것을 의정 (議定)하였다"라고 하면서 당빌이 제작한 지도를 가지고 구체적으 로 국경 표시를 하였다. 일부 유럽의 지도학자들은 아마도 듀 알드 의 저서를 피상적으로 이해하였기 때문인지 청조(淸朝)가 세운 장책 을 한, 청의 국경으로 표시한 지도도 상당수 있다.

당빌의 지도에 의하면 국경은 동북으로 두만강 북쪽의 녹둔도 (鹿屯島)까지가 한국의 영토이고 흑산령(黑山嶺) 산맥으로부터 보택 산(寶宅山)을 거쳐 압록강 본류와 봉황성의 중간 지점을 통과하여 압록강 하구 북쪽에 이르고 있다.

역사적인 사실에 비추어 볼 때 1712년 강희제의 명으로 한, 청의 국경을 정하고, 백두산에 국경의 경계선 책정 원칙을 정한 비(碑)를 세우는 중대한 임무를 위하여 청은 목극등(穆克登)을 파견하였다. 만주 지방 오라(烏喇)의 총관(總管)인 목극등은 10척의 배에 일행을 태우고 두도구(頭道溝)로부터 혜산(惠山)에 이르자 배에서 내려 걸어서 백두산으로 향하였다. 거기에서 한국 접반사(接伴使) 일행과 만나 압록과 두만의 강북(江北) 땅을 청의 경계로, 강남(江南)을 조선의 경계로 하는 전통적인 국경선 존속을 확인한 뒤, 양강(兩江)의 발원지인 분수령에 비를 세우겠노라고 통고하였다. 결국

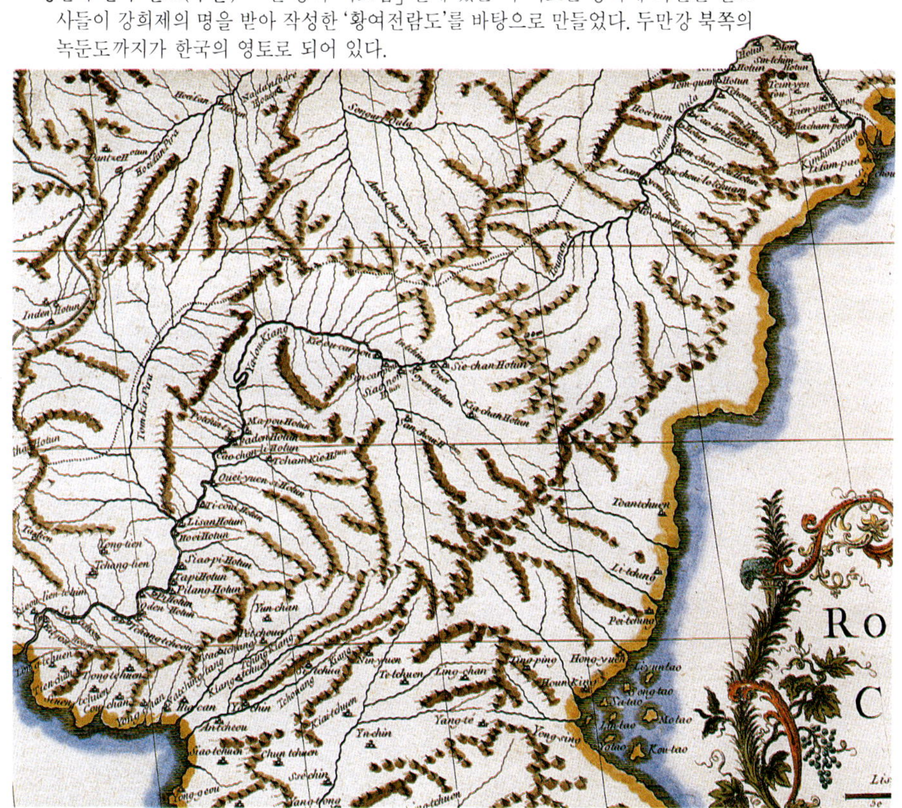

당빌의 한국 전도(부분) 「신 중국 지도첩」 안에 있는 이 지도는 중국에 파견된 선교사들이 강희제의 명을 받아 작성한 '황여전람도'를 바탕으로 만들었다. 두만강 북쪽의 녹둔도까지가 한국의 영토로 되어 있다.

역관(譯官)만을 동반한 채 백두산에 올라 그는 압록강의 원천과 두만강 북쪽 토문강의 강원(江源)이 되는 백두산 남쪽에 비를 세우게 되었고, 청의 사신 목극등의 요청에 따라 목책과 토석(土石)으로 경계를 쌓아 표시하였다.

그 결과 서로는 압록강 이북으로, 봉황성 이남과 동으로는 북간도 지역이 우리의 땅임을 중국 쪽으로부터 공적인 확인을 받았던 것이 주지의 사실이다. 그런데 그와 같은 국경선을 설정한 뒤에도 계속 한국인들이 봉금 지역(封禁地域)에 무단으로 들어가 가끔 청, 한 사이의 외교 문제가 발생하기는 하였지만, 국경 문제에 대해서는 근본적인 충돌은 없었다. 그러나 1860년 뒤 특히 러시아가 연해주 지방을 비롯한 극동 지역의 개발을 서두르게 되고 한국인과 청나라 사람들 사이에 간광 지역에서의 충돌이 심화되면서부터 청은 강압으로 한국인들을 간도 지방에서 쫓아냈고 뿐만 아니라 토문강을 두만강이라고 억지를 쓰면서 드디어는 1909년 한국을 강점한 일본과 야합하여 압록강과 두만강 본류 이북이 중국에 속하게 하였던 것이다.

여기서 살펴보려는 것은 청나라에 의하여 확인, 통고되고 역사적인 근거가 있는 국경선이 청나라 자체에서 지도화된 뒤, 당빌의 지도에 어떻게 나타났는가 하는 점이기 때문에 국제법적인 문제는 논외로 삼겠지만 당빌의 지도가 국경 설정 원칙과 부합되는지 그렇지 않은지에 대한 고찰을 간략하게나마 시도해야 할 것 같다.

우선 지적해야 할 것은 국경 설정 원칙 자체가 지니고 있는 애매성이다. 비(碑)에 적혀 있는 이른바 "서위압록 동위두만(西爲鴨綠東爲豆滿)"이라는 글 자체의 모호성을 아무도 부인할 수 없으며 따라서 우리나라와 청나라 사이의 전체 국경선이 어떻게 되어야 정확한지 잘 알 수 없게 한다.

국경 설정 원칙에 있어서의 핵심은 강물의 발원지, 분수령에 대한 문제이다. 청의 사신 목극등과 그의 일행들은 한국 쪽 접반사나 역관과의 대화에서 압록강과 두만강과의 발원지 및 분수령을 찾았음을 알 수 있다.

내 친히 백산(白山)에 이르러 압록, 두만(鴨綠, 豆滿)의 두 강을 심시(審視)함에 다 백산에 근저발원(根底發源)하여 동서양변(東西兩邊)에 분류하다 원래 강북을 대국의 경계로 하고 강남을 조선의 경계로 정한 것은 역년(歷年)이 이미 오래니 논의할 것 없고 요는 양강의 발원지인 분수령 중에 비를 세움에 있다. 토문강의 근원으로부터 강류에 따라 내려가 심시하니 수천 리에 이르도록 수량을 볼 수 없고 암류(暗流)를 따라 백 리에 이르러 비로소 거수(巨水)가 나타나서 무산(茂山)으로 흐른다. 양안(兩岸)에 풀이 적고 지평한 고로 사람들이 변계(邊界)임을 알지 못할 것이라. 왕반(往返)하여 경을 넘고 집을 짓고 노경(路徑)이 교난(交難)하기 때문에 이에 접반사(接伴使), 관찰사(觀察使)와 같이 상의(相議)하여 무산, 혜산에 가까운 이 물 없는 땅에 견수(堅守)를 설립하여 중인(衆人)으로 하여금 변계가 있음을 알게 하고 경을 넘는 일이 없도록 하면 황상(皇上)의 생민을 진넘(軫念)하는 지의(至意)에 부하고 차 양국의 변경에 일이 없을 것이다. 상의를 위하여 자문조회(咨文照會)함
임진오월이십팔일(壬辰五月二十八日)

위의 목극등의 자문(咨文)에서도 명백히 볼 수 있지만 그를 동반하였던 역관의 기록을 보아도 청조를 대표하는 그는 받은 명을 따라서 오로지 압록, 두만강으로 유입하는 물줄기의 수원(水源)을 찾는 데 혈안이 되어 있었는데 그것은 바로 거기가 국경선이었기 때문이다.

압록, 두만 양강으로 유입되는 물줄기는 압록, 두만의 지류들을 가리키는데 그것은 백두산 근방뿐만 아니라 양강의 하류 쪽으로 내려가면서도 그 지류의 수원지 또는 분수령들의 점을 잇는 선(線)이 국경선이 된다는 의미이다. 그들이 백두산 근처의 압록강, 두만강 상류만을 찾는 것은 두 강의 근원지가 상류이기 때문에 그들에게 있어서나 우리에게 있어서나 가장 중요하기 때문이다.

하류로 내려오면서 양강 지류의 상류 수원지와 분수령도 그에 준하여 국경선을 이룬다는 사실은 그들에게 의문의 여지가 없는 사실이었다. 일본의 잘못으로 압록강, 두만강의 본류가 국경선이라는 주장을 청국은 단 한 번도 한 적이 없었다. 바꾸어 말한다면 그들은 강안(江岸)을 찾지 않고 언제나 두 강으로 흘러 들어가는 물줄기가 시작되는 분수령을 찾고 있었으며, 목극등이 말한 강남, 강북은 지류까지를 포함한 것이다. 그에 대한 움직일 수 없는 증거가 강희제의 명을 받아 제작한 '황여전람도'이고 그것을 객관적으로 검토하여 중국 지도의 표본으로 만든 것이 당빌의 지도이다.

우리가 가지고 있는 당빌의 지도는 이와 같은 사실을 사실(史實)로서 증명하고 있다. 그러면 어째서 이러한 자료가 역사적인 연구에서 활용되지 못하였을까.

그에 대해서는 여러 가지 이유가 있겠으나 첫째, 연구의 중점을 역사적인 기록과 문헌에 두었기 때문에 관점의 초점이 달랐고, 둘째, 당시의 비변사(備邊司)에 보관된 한국 고지도 가운데는 압록강, 두만강 유역에 관한 비장(祕藏)의 지도들을 가지고 있었고 일부는 오늘날까지 남아 있으나 그 지도에도 명확한 국경 표시가 되어있지 않기 때문이다. 세번째 이유로는 중국 쪽에서는 앞서 말한대로 '황여전람도'에 국경을 상세하게 표시하였는데 국경 문제로 대립했을 때 우리가 제시하지 못하였던 때문이다.

'황여전람도'의 동판이 프랑스로 건너가 당빌의 검토를 거친 다음

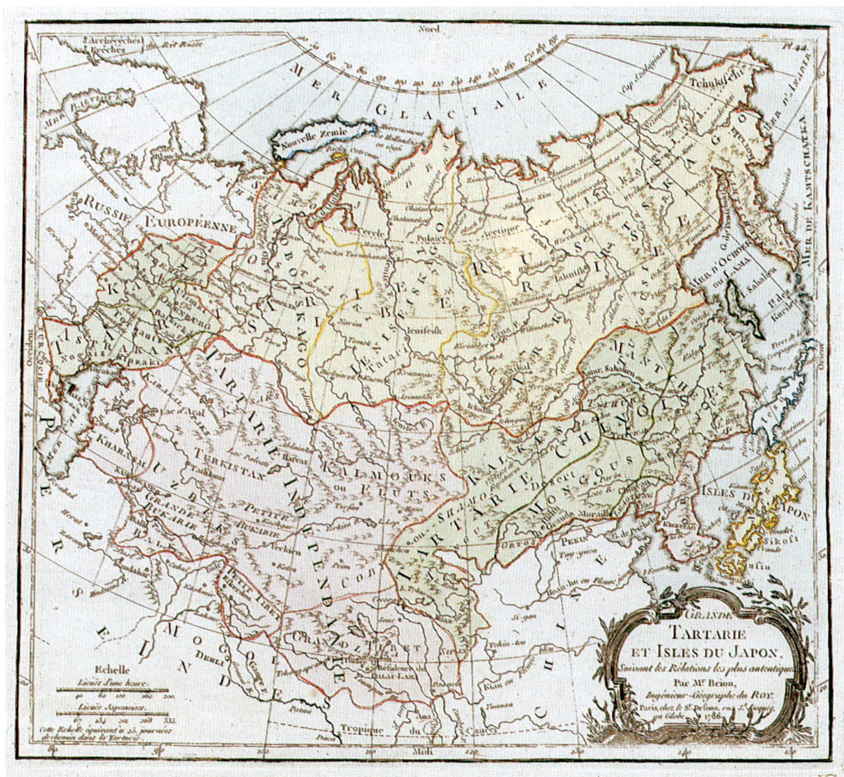

브리옹의 만주 및 일본 지도 프랑스의 지리 측량 기사인 브리옹은 역사, 정치, 지리에 대한 종합적인 조명을 위한 지도를 제작했으나 일본과 캄차카 지방이 특히 부정확하다.

만들어진 중국, 만주 전도에 한층 더 과학적으로 표시가 되었기 때문에 당빌의 지도를 바탕으로 1863년에 호림익(胡林翼)과 엄수삼(嚴樹森)의 '대청일통여도(大淸一統輿圖)'가 제작되었는데 한국 쪽에서는 이 지도를 가지고 있지 못하여 국경 문제로 서로 대립하였을 때, 초기에는 그 증거 자료로 제시하지 못하였다. 다만 1880년대에

국경 분쟁이 일자, 당시 이 문제를 맡았던 어윤중(魚允中)은 한국
쪽이 소장하고 있는 '변경고지도(邊境古地圖)'와 역사적 사실이 부합
된다는 것을 실제 조사를 통하여 확인했을 따름이다. 그러나 150
년 동안의 세월이 지나는 동안 물흐름에 변화가 있어서 정확하게
고증하기는 힘들었고, 어차피 중국 쪽에서는 한국에서 손으로 그려
만든 지도의 권위를 인정해 주고 그것을 바탕으로 국경선을 확정할
의사가 전혀 없었기 때문에 한국 지도가 그 증거로 제시되지도 못하
였다. 그러나 이른바 정해 심계 담판(丁亥勘界談判)의 한국 쪽 대표
였던 이중하(李重夏)는 회담에서

　　삼가 살피건대 귀국(貴國) 일통지도(一統地圖) 가운데 압록도
문(鴨綠圖們)의 지계에 점획표식(點劃標識)이 십분 분명(分明)
하다. 토수(土水)의 대도문강(大圖們江)임은 주명(註明)함이 확적
(確的)하다.… 이것이 적확한 빙거(憑據)로 하였다. 고로 본관은
누누히 일견할 것을 간청하였으나 귀관 등은 한 번도 이를 보이지
않은 고로 본관은 귀경 후(歸京後) 북경(北京)으로부터 구득(購
得)하였다. 귀관 등은 말하기를 이것이 시정에서 편한 바 방본
(坊本)으로 빙신(憑信)할 바 못 된다고 하니 본관은 정말 아혹
(訝惑) 억울함을 말할 수 없다. 이 일통여도(一統輿圖)는 왕년
입회 조사(立會調査)한 때에 작성한 지도와 별차이가 없다. 각하
께 묻노니 일통여도 가운데 무엇을 가리켜 믿을 수 없다고 하는
가. 일일이 응답하라. 요컨대 금회의 경계 조사에는 폐방(弊邦)
은 삼가 도문구계(圖們舊界)를 지킬 뿐이다. 바라건대, 귀관 등은
길이 양찰(諒察)을 가하여 공평히 일을 변(辨)하라. 가지고 온
총서명령서(總書命令書)와 여도(輿圖)를 보이고 분명히 고정(考
訂)하라

라고 하면서 지도를 가지고 논(論)할 것을 요구하였다. 그러나 이미 러시아에게 자기 영토라고 생각하던 북쪽과 동북 쪽의 땅을 빼앗긴 중국은 허약한 우리에게만은 강압적으로 대하면서 자기 주장만을 일방적으로 강요하였다.

이 대화를 통하여 볼 수 있는 것은 우리의 대표들이 국가의 생명이라고 할 수 있는 영토 문제를 다룸에 있어서 온갖 지혜와 성의를 다하였고 청의 지지(地誌) 및 지도까지도 연구하였다는 사실이다. 그러나 아쉬운 것은 문제의 초점이 두만강 북쪽에만 집중되어 압록강 하류 만주 쪽의 영토 곧 압록강 하류로 유입되는 압록강 북쪽 지류의 발원지들을 잇고 있는 것이 우리의 국경선이라는 사실을 명백히 밝히지 못하였기 때문에 두만강 지류 쪽에서 분류가 국경선으로 밀리자 자동적으로 압록강 쪽에서도 본류가 국경선이 되고 말았으니 실로 어처구니 없는 일이 아닐 수 없다. 그리고 국경선이 처음으로 논의되던 1700년대의 '황여전람도'나 '일통여도'를 토대로 작성된 당빌의 「신 중국 전도」 등에 대해서 우리가 까맣게 모르고, 거론조차 못한 것은 결과적으로 학문에 있어서의 낙후가 국가적으로 큰 불이익을 줄 수 있다는 사실을 단적으로 보여 준 예라고 하겠다.

북방 영토에 대한 문제말고도 당빌의 지도는 일본과의 쟁점 대상이 되고 있는 독도 문제와 관련이 있다. 하지만 이 문제는 동해의 호칭 변경 문제와 함께 이미 다루었기 때문에 생략하기로 하고, 그보다는 18세기 말에 서구인으로서 최초로 우리의 동해안을 답사하여 여행기를 남긴 라 페루즈와 그의 해도(海圖)에 관해서 살펴보는 것이 필요한 것 같다.

라 페루즈는 허드슨(Hudson)만에서의 영국과 불란서의 대결에서 프랑스에 승리의 견인차 역할을 한 해군사관 출신의 탐험가이다. 라 페루즈가 부쏠호와 아스트롤라브호를 이끌고 오대양 탐험의

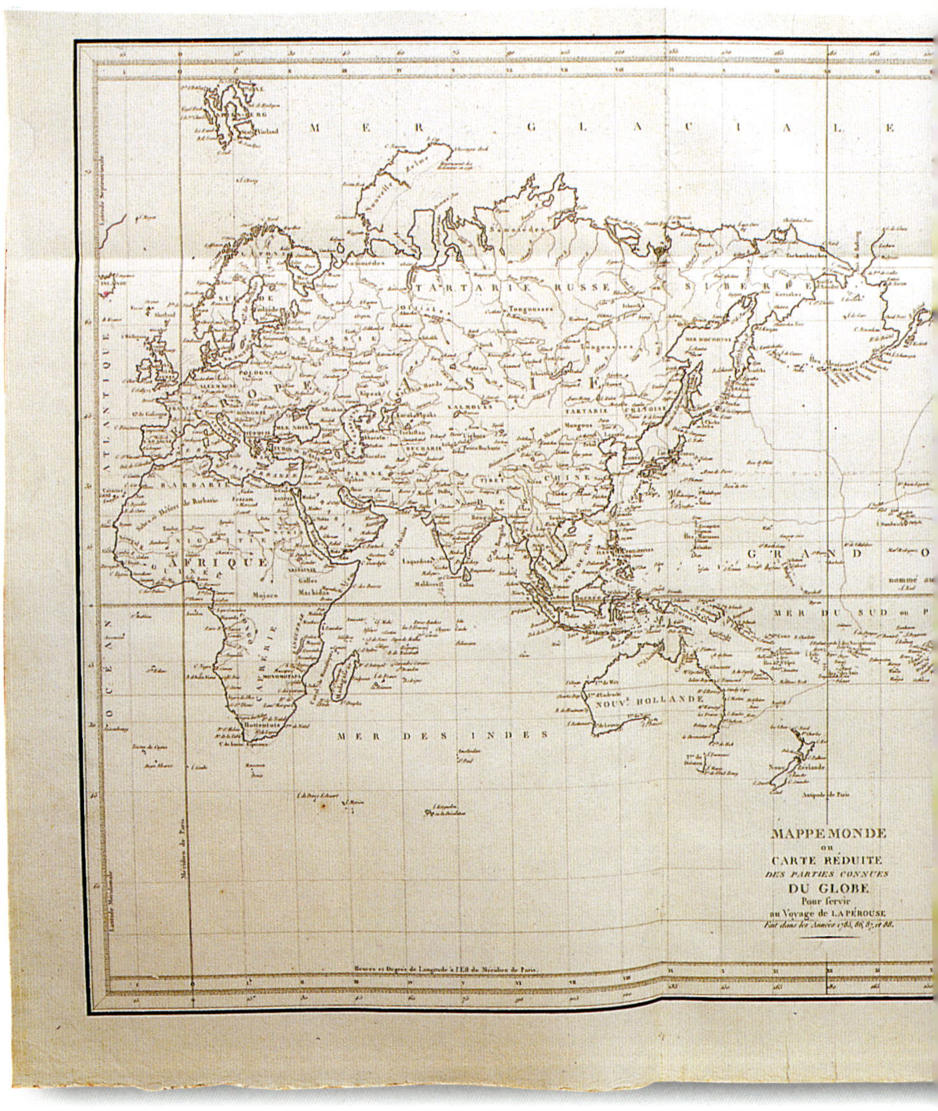

임무를 띠고 출발한 것은 1785년 8월 1일이었다. 전자(前者)에는
총 108명, 후자(後者)에는 총 911명이 승선하였는데, 그 가운데는
당대의 이름난 과학자들이 상당히 포함되어 있었다.

　잘 알려진 인물들만 소개해 보면 지리학자 베르니제(Bernizet),

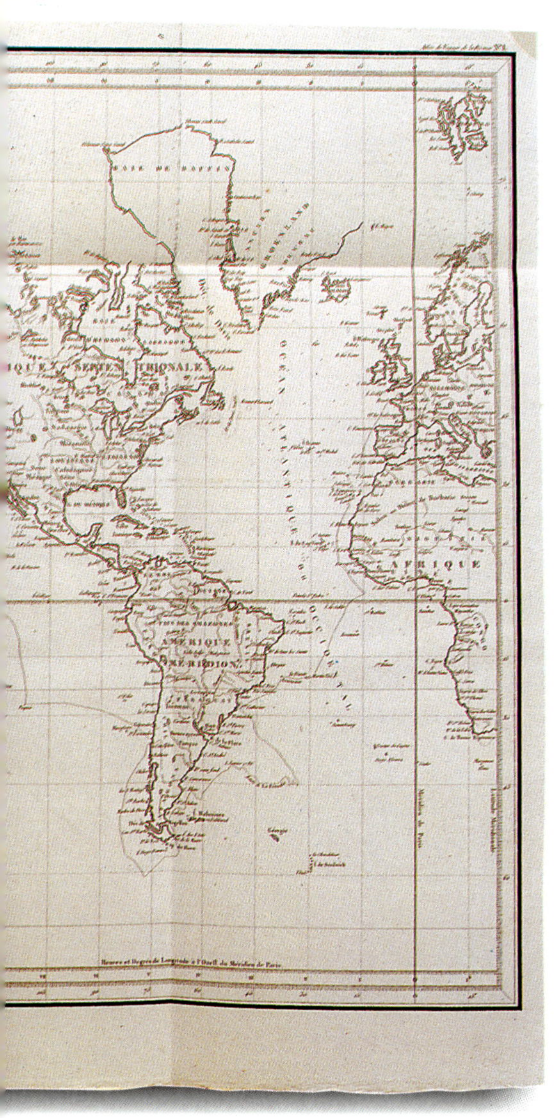

라 페 루 즈 의 세 계 지 도
「항해도첩」안에 나오는
세계 지도로 프랑스 정부
의 막대한 예산을 들여
탐사한 결과라고 할 수
있다. 당빌 지도의 오류를
시정하여 한국이 아주
정확한 지형으로 나타나
있다. 울릉도나 제주도를
역사상 처음으로 실측했
으나 독도를 관측하지
못한 아쉬움이 있다.

의무대장 롤랭(Rollin) 박사, 아카데미 회원인 천문학자 르포트 다쥘
레(Lepaute Dagelet), 물리학자 라마농(Lamanon), 식물학자 콜리뇽
(Collignon)과 기타 전문 기사(技士)들이 다수 있었다. 탐험대를
조직하고 준비하며 배를 건조하는 데에 3년이나 걸렸고, 탐험대에

들어간 경비는 프랑스 국가의 예산에서 상당한 비중을 차지할 정도의 거액이었다는 사실을 보면 그 규모와 프랑스 전체가 이 탐험대에 거는 기대가 어떠한지를 쉽사리 짐작할 수 있다.

라 페루즈를 전문적으로 연구한 해군 총독 출신의 해양학자 브로사르(Brossard)의 연구를 참고로 하여 혁명 전야의 프랑스가 재정적인 어려움을 무릅쓰고 라 페루즈 탐험단을 출발시킨 이유를 살펴보면 첫째, 모피 무역으로 막대한 이익을 누리던 영국을 제압할 수 있는 새로운 항로를 개발하여 경제적인 이익을 도모하고 둘째, 당시까지 잘 알려지지 않았던 지역을 탐험하여 가능하면 새로운 식민지 영토를 확보하며 셋째, 인도와 캐나다를 영국에 빼앗기고 난 뒤이지만 해양 국가로서의 이름을 내외 안팎에 떨치고 싶었기 때문이라고 추정할 수 있다.

이러한 정부의 의도와 라 페루즈의 야심이 일치하였다고 할 수는 없다. 정부의 관심이 그 탐험으로부터 실제적인 이익을 얻고자 한 반면 라 페루즈는 해양인(海洋人)으로서 우선 영국의 쿡(Cook) 선장의 대탐험에 비견할 수 있는 탐험을 시도하고자 하였고 한 걸음 더 나아가 탐험의 수준을 학술적인 면에서 높이고 결과를 종합화하기 위하여 당대에 이름있고 유능한 학자들을 동원하였던 것이다.

특히 그는 개인적으로 세계적인 탐험가들의 많은 탐험에도 불구하고 그 당시까지 한 번도 탐험되지 않았을 뿐만 아니라 지도학적으로 정확하게 밝히지 못했던 동해, 일본 북부, 캄차카 일대를 정확히 탐사하여 지도화하려는 생각을 간직하고 있었다. 그리하여 그는 1787년 5월에는 드디어 제주도 근해로 접근하여 제주도, 남해를 거쳐 동해안 쪽을 탐사하다가 동해안의 해안선이 그 당시의 지도와 다른 점을 기록하고는 울릉도를 통과하면서 기상 조건이 나빠지자 독도를 발견하지 못하고 일본 쪽으로 가버렸다. 그러나 서구인으로서 처음 동해안을 답사하였다는 데에 라 페루즈 일행 여행의 의의가

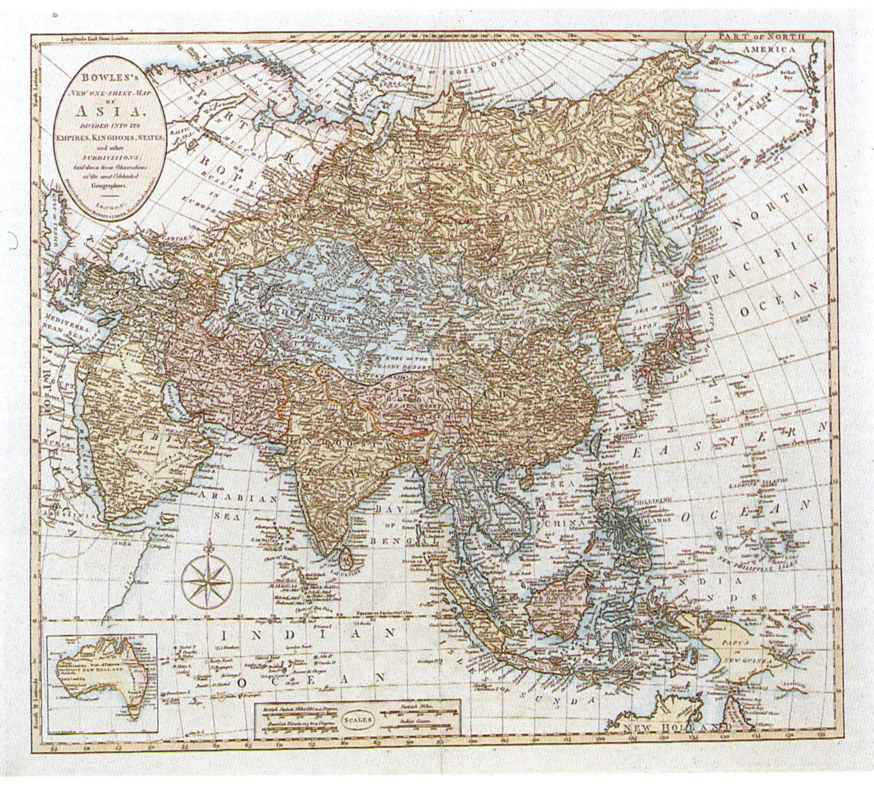

보울즈의 아시아 지도　1805년에 작성된 것으로 울릉도가 Dagelet로 표시된 것으로
보아 라 페루즈의 탐사 결과를 참고한 지도이다. 동해를 일본해로 표시했다.

있다.

우리나라의 영토, 특히 독도 문제와 관련하여 살펴볼 경우 외국에서 제작된 한국 지도 가운데 가장 중요한 지도는 클라프로트(J. Klaproth)에 의한 1832년의 '삼국총도'에 포함된 지도라고 하겠다. 물론 정확성에 있어서는 그보다 100년 전에 제작된 당빌의 지도보다도 훨씬 떨어지고 과학사적인 관점에서 고찰할 경우에도 경, 위도의 문제나 제작 원칙이 없기 때문에 상당한 약점을 지니고 있는 지도이기 때문에 순수한 지도 연구에 있어서 그 중요성이 비교적 낮다는 점을 솔직히 인정할 수밖에 없다.

영토 문제에 대한 역사적인 연구에서 우리에게 이 지도는 커다란 중요성을 지니고, 있다. 그 첫째 이유는 19세기 전반기의 동양학 연구에서 저자인 클라프로트의 위치에서 찾아볼 수 있다. 앞서 이 지도에 대한 해설에서 자세히 언급하였지만 클라프로트는 자료에 대한 비판적인 연구를 통하여 그 지도의 역사적 중요성에 대한 확신을 가졌었다는 점에 유의하여야 한다.

둘째로는 그 지도의 원자료가 일본에서 거주하던 중국 학자 임자평에 의한 것이기 때문에 일본 쪽에서도 객관성을 어느 정도 인정하지 않을 수 없다는 사실이다.

셋째는 클라프로트의 지도가 해설과 더불어 영국 황실의 재정적인 지원에 의하여 출판되었다는 사실이라고 하겠다. 이 지도의 약점을 부각시켜 그 중요성을 과소 평가하여야 한다는 주장을 펼 수도 있을 것이다. 그러나 지도 제작에 현대적인 장비가 동원될 수 없던 시대에 제작된 지도를 평가하는 데 있어서 정확성이 유일한 기준일 수는 없다. 그 역사적인 의의와 제작자의 의도, 저작자의 객관적 입장이 더 중요성을 가질 수도 있다. 필자는 클라프로트의 지도는 그러한 관점에서 분석, 평가되어야 한다고 생각한다.

왜냐하면 경, 위도 표시가 일반화되던 시대에 그것이 표시되지

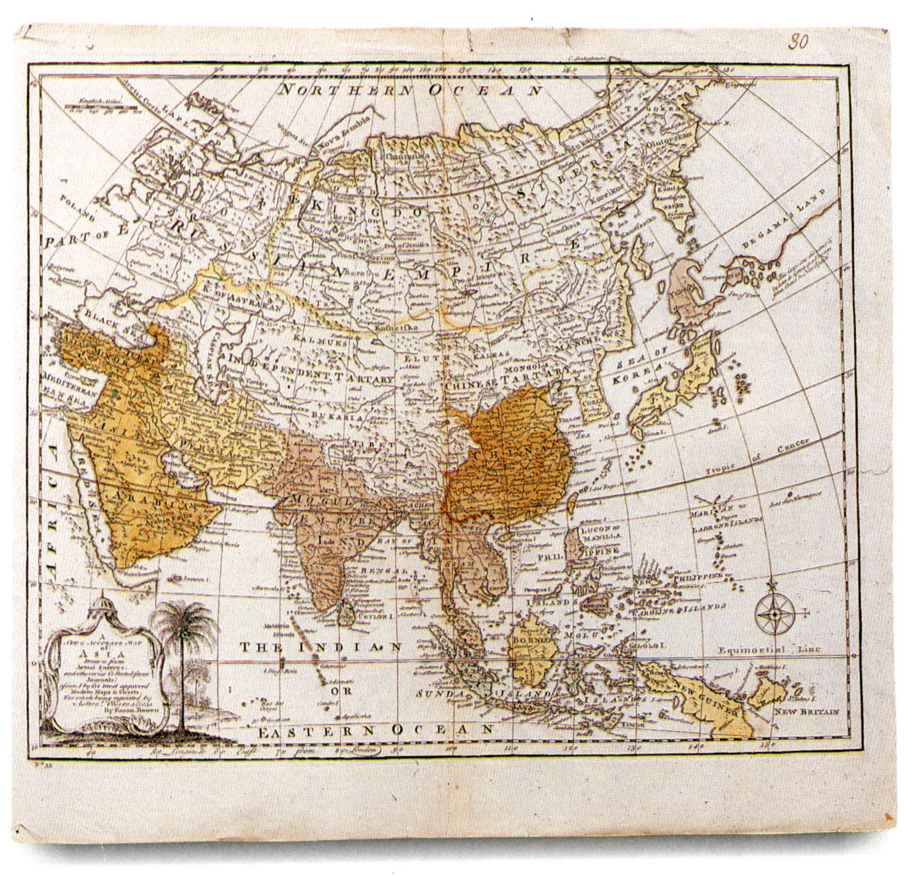

보웬의 러시아 지도   1780년 제작된 러시아 지도로 한국은 Corea로 되어 있고 동해는 한국해로 나타나 있다.

않은 지도를 동양 3국을 연구한 저서의 부록으로서 제시한 것은 적어도 그 목적이 정확한 지형을 보여 주기 위한 것이라고 하기보다는 삼국의 영토 관계만을 대략적으로 보여 주기 위해서라고 이해되어야 하기 때문이다. 특히 해도, 동해를 중심으로 북해도 북부와 연해주 쪽에 대한 지도들이 불분명하게 표시된 지도들이 많았기 때문에 그는 일본에서 나온 지도를 검토하고는 정확성보다는 3국의 영토 관계를 밝히기 위한 목적에서 그 지도를 첨부한 것이라고 볼 수밖에 없는 것이다. 따라서 우리는 그 지도의 원본이 되는 임자평 지도의 출처에 대한 연구에 힘써야 하겠다. 그것이 일본 자료를 바탕으로 독도 문제에 대한 우리의 역사적 연고권을 한층 더 공고하게 해줄 수 있기 때문이다.

맺음말

고지도는 일반적으로 지리학과 지도학의 테두리에서 연구되거나 과학사적인 측면에서 연구되는 것이 보통이고, 근래에 와서는 역사적인 관계와 뿌리를 규명하는 연구의 일환으로 고찰되고 있다.

우리나라의 경우 한국에 대한 외국 고지도 연구는 외국에서 한국에 대해 가졌던 지식의 변화를 밝히는 관점에서 연구하는 데 있어서 중요한 자료 역할을 하고 있다. 그러나 현재 우리의 상황에서 보다 중요한 것은 영토 관계에 대한 객관적 자료라는 문제에 집중될 수밖에 없다. 예컨대 당빌 지도와 「조선왕조실록」을 바탕으로 한 역사 연구를 보다 긴밀히 연결시켜서 우리의 북방 영토에 대한 문제를 재조명하여야 하는 것이다. 그리고 독도 문제에 있어서도 고지도의 중요성을 보다 체계적으로 연구하고 정립해야 한다.

물론 고지도 연구가 북방 영토에 대한 우리의 소유권을 뒷받침해 준다고 해도 과거의 영토가 우리에게 되돌아오기는 어렵다. 또한 고지도에 대한 연구가 소홀하다고 해서 우리가 독도를 쉽사리 빼앗기지는 않을 것이다. 그러나 그러한 국제 정치의 현실적인 처리나 해결과 관련을 짓지 않는다 해도 우리의 과거 역사에 대한 인식을 정확히 하는 데에는 고지도와 결부된 역사 연구가 필요하다.

한 걸음 더 나아가 한반도를 둘러싼 국제 정치 환경이 급속한 변천을 거듭하고 있고, 우리의 통일이 장벽에 막혀 있는 현 시점에서 그에 대한 연구야말로 우리 민족의 역사 의식을 고취시켜, 우리를 가로막는 장애물들을 물리치고 하나로 만들 수 있는 최선의 길이라고 생각한다.

빛깔있는 책들 102-23

서양 고지도와 한국

초판 1쇄 발행 | 1991년 3월 30일
초판 4쇄 발행 | 2000년 9월 30일
재판 1쇄 발행 | 2012년 2월 29일

글 | 서정철
사진 | 김종섭
발행인 | 김남석

편 집 이 사 | 김정옥
편집디자인 | 임세희
전   무 | 정만성
영 업 부 장 | 이현석

발행처 | (주)대원사
주   소 | 135-231 서울시 강남구 일원동 640-2
전   화 | (02)757-6717~6719
팩시밀리 | (02)775-8043
등록번호 | 등록 제3-191호
홈페이지 | www.daewonsa.co.kr

이 책에 실린 글과 사진은 저자와 주식회사 대원사의
동의 없이는 아무도 이용하실 수 없습니다.

값 8,500원

ISBN 978-89-369-0038-0
ISBN 978-89-369-0000-7 04590(세트)

잘못 만들어진 책은 바꾸어 드립니다.

빛깔있는 책들

민속(분류번호:101)

고미술(분류번호:102)

불교 문화(분류번호:103)

음식 일반(분류번호:201)